臺灣教育哲學論

陳 德 和 著

臺灣近百年研究叢刊
文史哲出版社印行

國家圖書館出版品預行編目資料

臺灣教育哲學論 / 陳德和著. -- 初版. -- 臺北市：
文史哲, 民 91.06
面： 公分（臺灣近百年研究叢刊；11）
ISBN 978-957-549-441-4（平裝）

1.教育 – 臺灣 2.教育 – 哲學,原理

520.9232 91009196

臺灣近百年研究叢刊 11

臺灣教育哲學論

著　者：陳　德　和
出版者：文　史　哲　出　版　社
http:// www.lapen.com.tw
e-mail：lapen@ms74.hinet.net
登記證字號：行政院新聞局版臺業字五三三七號
發行人：彭　正　雄
發行所：文　史　哲　出　版　社
印刷者：文　史　哲　出　版　社
臺北市羅斯福路一段七十二巷四號
郵政劃撥帳號：一六一八〇一七五
電話886-2-23511028・傳真886-2-23965656

實價新臺幣三〇〇元

中華民國九十一年（2002）六月初版
中華民國一〇四年（2015）二月初版再刷

ISBN 978-957-549-441-4 08411

《臺灣教育哲學論》自序

認識臺灣、關懷臺灣，並且用心經營臺灣，爲臺灣創造進步繁榮、祥和安定的現在，也期許臺灣永遠能有可大可久的未來，這是任何一位認同斯土斯民的同胞所責無旁貸的，本書的研究目的和寫作動機正是緣此而發。然而使命感固然可以激發我們的衝動以積極投入此一建設的行列，可是如果大家缺乏認知的定準與價值的澄清，則不但容易因爲方向的錯亂而白費周章，甚至造成不良的結果，徒陷臺灣於苦境，臺灣今天所以會囂擾不安，理由就出在這個地方。職是之故，除了熱情澎湃之外，理性的探索和德慧的抉擇更是我們所不可或缺的，這亦即是筆者之所以特就臺灣的教育與哲學爲本書論述之課題的主要原因。

當然能夠讓本書如是地展開和完成，除了上述之根源性的理想和動機外，還存在著更具體的機緣，且這種機緣亦不完全只是客觀上工作環境的方便使然，它也包括了主觀上個人的心境以及學術背景的養成等因素。

蓋筆者自民國六十三年台中師專（國立台中師範學院前身）國校師資科畢業後，即開始在國內的教育界服務，至今已接近三十年而從未間斷，這將近三十年的白筆生涯裏，筆者曾先後經歷了小學、國中、高中、專科、大學一直到研究所等各級學校或單位，並且在每一階段從事教學時，亦都兼任過校內的行政工作，所以舉凡臺灣的教育學術、教育策略、教育法規、教育倫理、教育生態和教育環境等，莫不有著具體的觀察與感受，對於臺灣教育的何去何從，也自然而然地產生了直接的關懷和盼望。

其次，筆者學術生命是在師範系統中啓蒙成長，師專時代的教育讓我體會到百年樹人和良師興國的眞諦，師大國文系則開導了我的人文自覺，使我豁然理解教育之主體（人實然是什麼？）、教育之理想（人應然當如何？）在生活世界中的重要性以及意義建構時的優先性，師大並且給了我較深的理論薫陶以奠定後續發展的學問基礎，爾後雖然我轉往師範體制中向來所缺如的哲學研究所繼續進修，但無論是在碩士班或博士班，我仍以生命的學問爲探討的重要內容，這種選擇其實還是延續著師範人所常有的「教育感動」，事實證明這種感動也在我的專業學養上，留下深深的烙痕。

筆者始終懷持著人親土親的虔誠，並擇善固執地留心著臺灣的教育，我的專業興趣則是在哲學理論的研習，正因爲如是之因緣俱足，所以有了本書的撰述，至於將它命名爲《臺灣教育哲學論》，實即反應了其內容乃是臺灣、教育、哲學三方面的關聯。具體地說，本書所呈現的主要訴求有三：一是臺灣的教育可以根據什麼樣的哲學做基礎？二是哲學將曾對現階段的臺灣教育做出什麼樣的批判？三是臺灣各級校園中所最需要的是那種型式和內容的哲學教育？全書最後的結論，則是希望臺灣的教育能夠徹底發皇一開放、進步的人文精神，俾讓臺灣人民可以理性而有效地立足在普遍性的基礎以承當歷史的使命，然後堅忍弘毅地用在地的觀點去人文化成於天下，此既是充其極朗現臺灣的眞正主體性，同時也繼往開來地豐富了人類精神文明的大傳統。

這的確是一本用眞情實意所刻劃而成的著作，它有時是即事以論理，有時是據理以論事，雖語多批評，卻深具著深心大願，也就是希望臺灣能夠藉由成功的教育，認眞揭發存有的奧藏，終於達成它邁向世界史的終極目的。不過筆者畢竟才疏學淺，書中意見難免或有不盡恰理之處，若方家碩學不吝斧正，則筆者必將虛心受教並備感榮幸之至。

本書大部分的內容是在《鵝湖月刊》的「關懷教育」專欄以及《新講台》教育季刊的「焦點論壇」和「主題論述」中發表，出版前則除了在內容上做了相當程度的補苴潤澤外，也增列了必要的註腳做應有的交代，因此筆者建議，爾後凡對上述相關論文的指教或引證，請能以本書之內容爲準。筆者十分感謝《鵝湖》和《新講台》這兩份專業學刊長期以來所給予的肯定和鼓勵，也非常謝謝雙方主事者們在付梓前所提供的一切協助。當然文史哲出版社發行人彭正雄先生對於本書的大力支持和慷慨允諾，更是筆者所衷心難忘的。彭先生以他出版人的專業多年來爲臺灣學術界所做的貢獻，早就有口皆碑，他對臺灣的情感和珍愛，永遠是行動多於口號而值得敬佩。最後願將本書獻給心存臺灣的每一個人，並希望它在當今充滿意識型態之爭和族群對立危機的臺灣社會，能夠發揮淨化昇華的作用。

陳德和序於南華大學哲學研究所

民國九十一年四月

《臺灣教育哲學論》目錄

第一章 導論

「台灣教育哲學論」是一項新的嘗試，它不同於一般的「教育哲學」。通常所謂的教育哲學，乃是基於哲學的普遍原理或是根據某人某學派的思想，抽象地對教育的根據、教育的主體、教育的價值、教育的功能、教育的方法、教育的制度、教育的操作、教育的策略、教育的機制以及教育的目的等課題，做出理論的、一般的探索，並反省其利弊得失。「台灣教育哲學論」則除了需要具足教育哲學所應有的一切條件之外，更融入了台灣在地的關懷和認同，所以尤其富有感同身受的具體性。

「台灣教育哲學論」還有一個特色，就是它並不等同於科際整合後的新學科新學門，卻得結合了台灣學、教育學和哲學的題材與方法。如果依據知識系譜學的原則，它固然可以同時歸屬在這三個個別的領域當中，但其內容的豐富與多元化，畢竟不是任何一個領域所能窮盡的。

從形式上來看，一個較爲完整的「台灣教育哲學論」，它的問題架構和研究重點至少要包括以下幾個側面：一是台灣教育的哲學基礎，二是台灣教育的哲學省察，三是台灣教育的哲學教學。是故，本書的正文部分，即根據這個認識而依序鋪陳完成。然而這三個面向的次序排列，絕不是即興或偶然者，它們自有其邏輯上的前後關連和循環。蓋優先從學理上討論台灣教育的哲學基礎，正是爲了發皇其意義並貞定它的合理地位和方向；其次扣緊台灣教育的現實事象而根據先前所印證的哲學基礎做適切的省察，此則不但爲了補偏救弊，同時也是積極興發其內在理想之所不可或缺者；最後提供一個哲學教學的恰當方案和願景，動機除了在求其有效凝聚哲學的共命慧外，更不乏培元固本的雅意，這對既有之哲學基礎的延展和拓深而言，無疑是重要且必要的。

除了形式必須符合起碼的要求外，適當的方法也是不能忽略的。本書一開始即明確指出，台灣教育哲學論乃具有本土的情懷和在地的觀點，所以它絕對是具體的。然而具體固然是特殊，卻並不等於對普遍性的排除。假如我們是用一種人的誠意去關心人的主體和價值的話，那麼所提出的結論依然能喚醒人的共同心理、引發人的共同想法，這就是「內容眞理」（intentional truth）所彰顯之「具體的普遍性」（concrete universality）的特色，①凡本書之對台灣教育與哲學思維之依存關係的研究，其根本態度亦不外乎此。蓋本書在前提上即肯定斯土斯民乃是一生命的共同體，因而筆者無不存在地去感應台灣教育中的種種情況，並且由於自覺、主動地持續參與，乃不禁油然生起怛然悱惻之情，是故雖然在篇章中有時會是「即理論事」有時則爲「據事顯理」，但都力求其能理事相即、融通無礙，而企求能貢獻於台灣教育的道業皇皇者。筆者時常說：「教育本身並沒有新舊好壞之別，只是參與者的用心與不用心罷了。」本書內容不敢自居高明，但其對台灣教育的用心則相信是坦蕩無愧的。

因爲是對「內容眞理」的肯定與信賴，所以本書在學理的認同上，完全是以儒家道家思想爲圭臬的。蓋對「內容眞理」的揭發，惟儒釋道三者最擅勝場，而對世間法的創發貞定又以儒道兩家的義理展露最著風華。或許有部分學者認爲：儒家是保守主義和過時的產物，②道家則有反文明的傾向，③所以兩者都不適用於台灣現在及未來的教育！像這類的批評筆者以爲乃純屬誤解和臆測，所以本書的開宗明義即分別藉常道與典範的對舉、以及後現代的教育思維，予以糾正駁斥。

再者，更有一些基本教義派的人士會強烈質疑：在「去中國化」以求「台灣主體」之建立的奮鬥中，豈可容忍來自對岸中國之思想在台灣本土上主導國內教育的發展？關乎此，筆者首先要努力澄清的是：只要是眞理就沒有國界的隔閡，也沒有種族的分別，儒家道家思想雖然創自古代的中國，但如今既然被公認爲具有普世的價值，那麼就不再單是屬於中國的，如果因爲一味地要「去中國化」就連帶地仇視它們，那不但無聊而且無知，最後亦都只有窄化自己而已。其次，台灣固然一方面是我們所該凝聚的焦點並同時是引領我們邁向世界的起點，但它更恰當的定位卻應該是人類歷史發展過程中之承先啓後的轉捩點，因爲就在台灣自信滿滿地尋求出路、奔向未來的同時，它就已然成爲「此在」而承載了傳統的意義，所以儘管眼前的我們正積極地突破傳統的制約使台灣成爲新的可能，但其所締造的新猷卻仍不失爲對傳統的再詮釋，並弔詭地將以此新猷回頭過來豐富了原有的傳統。然則台灣文化與華夏文明之間乃截然可分乎？抑渾然而不可分耶？如果可分，則台灣豈不成了斷潢絕港中之寡頭的獨大？若是不可分，那麼藉由儒道思想的開權顯實以暢通台灣教育的命脈，豐富台灣人文的內容，乃自有其正當性與合理性，此又豈能以偏執的意識型態或激越衝動的情緒來刻意抹殺呢？

總之，「儒道互補」是本書對台灣教育研究的基本態度和思考前提。更明白地說，就是用「當代新儒學」的人文學術來關懷台灣教育的理想與實際，目的則在開展充實而有光輝的台灣文化。④筆者以爲教育是人文精神的體現，人文的價值亦唯有依靠教育才能致其遠大，教育與人文是相即相合而不可須臾離者，因此以創造性人文主義爲基調的儒家義理，以及以解構性人文主義爲本色的老莊哲學，它們既然莫不富於人文的嚮往，那麼就都可以是一種深邃的教育理論。具體地說，如果我們願意將它們運用在台灣教育的反省上，則後者可以窮盡蕩相遣執、融通淘汰之功，許台灣一個多元、開放的寬廣視野，前者則能發揚富有日新之精神而極成一正德利用厚生的偉業。儒家道家思想的確能夠爲台灣的教育樹立發展的典範並奠定高明博厚的哲學基礎，凡關心台灣教育之現狀與未來的士人君子，絕對不可以失之交臂，若本書創述之意圖，蓋亦有類於此者。

【附　註】

註①　「內容眞理」又稱「主體性眞理」或「主觀眞理」，意指自我在修行或實踐的自覺與奮進中，所體貼出來並可引起共鳴、回響、認同的人生啓示或生命智慧。這種智慧因爲是繫屬於自我，所以是具體的，但它又有「人同此心，心同此理」的共識，因此又是普遍的，綜合以上而言之，就是「具體的普遍」。參見牟宗三《中國哲學十九講》頁廿五～廿七、頁三十三，台北學生，1983

註②　視儒學爲傳統的擁護者，把研究儒學且信賴儒學的立場稱做「保守主義」（conservatism），這似乎已經成了一種普遍的認知。但不可諱言地，「保守主義」一詞在大部分學者的觀瞻裏還是帶有貶義的，因爲它往往讓人聯想到封閉、專制、獨斷等負面的意思，此尤其是以自由主義者（liberalist）的反應最爲明顯，他們的這種心態，亦不外就是延續著五四新文化運動以來之反傳統、反儒學的一貫想法。然而儒學是否就如自由主義者所判定的那麼顢頇頑冥，其實是見仁見智而可以充分討論的，且說，亞洲四小龍的成就不但證明了儒學並不妨礙現代化，相反地能夠積極地促成現代化的實現，事實既然如此，則凡是向來抱持傳統／現代之相對論者倒先應該對自己的成見偏見重做一番修正才對。比較弔詭的是，當儒學已然被證明並非抱殘守缺、迷信傳統和固執權威的思想之後，在今天卻又面臨著更大的挑戰，亦即是來自「後現代」的質疑，像梁燕城先生在《破曉年代——後現代中國哲學的重構》（上海東方，1999）一書中就處處流露出這種深沈的感受，他並且在「牟宗三哲學」和「唐君毅哲學」的一抑一揚間，提出了「後儒學」或「後新儒學」的擬議。不過筆者仍然不以此為意，因為儒家畢竟是將天道／良知做為人的道德主體，在這個意義下的主體性其廣大悉備豐盈充實的義含，本非「後現代」所批判之主／客對立下所顯之主體所能窮其底蘊、亦非與「後現代」的反主體思維必然相悖反者，更何況說，假如「後現代」並不能永遠只是否定和解構，「後現代」還可以再進一步地昇華，有如美國學者 Pauline Rosenau 所言之「肯定的後『後現代』」的話，那麼它和儒學之間的距離就絕對沒有想像中的遙遠了。

註③　把道家思想定義成退化史觀，並且指責它具有強烈的反文明傾向，這不但是一般人常會發生的見解，即使是知名的哲學史家或專業的道家學者亦不乏類似的主張，例如馮友蘭和張起鈞兩位先生就是典型的例子（前者參閱馮友蘭《中國哲學史新編・第二冊》頁六一～六二、頁一四三～一四八，台北藍燈，1991；後者見張起鈞《道家智慧與現代文明》頁九四～九五，台北商務，1984），那麼在這種大氣氛下，將道家當做是否定知識或否定教育者也就多如過江之鯽了，這即無怪乎許多中國教育史或中國教育思想史的作品，對老莊都不做正面的敘述或評價（此乃不勝枚舉，茲援引下列各書以爲證明：*1.*毛禮銳、邵鶴亭、瞿菊農《中國教育史》頁一〇八～一〇九，台北五南，1989；*2.*喻本伐、熊賢君《中國教育發展史》頁一〇四～一一一，台北師大書苑，1995；*3.*陳超群《中國教育哲學史・第一卷》，山東教育，2000），甚至如郭齊家先生的《中國教育思想史》（台北五南，1990）還乾脆取消對於老子和莊子的論述。當然態度也有較爲緩和者，像賈馥茗先生的《先秦教育史》（台北五南，2001）即分別以〈第九章〉、〈第十章〉專論老子和莊子，不過她仍然有所保留，這從她在討論孔孟荀的篇章都名之爲「教育思想」、老莊部分卻只稱是「思想」，就可以明白感受到，此外我們再觀察賈書〈第九章〉和〈第十章〉內容，發現賈先生眞正的意思並不認爲老莊有什麼獨立的、正面的教育思想（除非弔詭地說：「反教育的思想亦是一種教育思想。」惟賈先生似未意識到此問題），而只是在說：老子之對世道人心的批評矯正，莊子的胸懷開朗、超然物外，凡此對人的學習而言都是具有意義的（參見該書頁五一八～五二〇，頁五五〇～五五八）。據此可見，賈先生雖不似一般學者之嚴判老莊在教育需求上完全出局，但對老莊思想之足以建構一套教育理論，則一樣是不予苟同的。若在筆者則對道家抱持著相當肯定的見解，我完全同意牟宗三先生之將道家的「反」或「無」解釋成蕩相遣執、融通淘淘的工夫而具有著「作用之保存」的正面意義，這種「作用的保存」亦誠如王邦雄先生在《老子的哲學》（台北東大，1980）和《儒道之間》（台北漢光，1985）等書中所一再宣示的，它乃是「超越之而又辨證地成全之」，而非「本質的否定」者，所以和《維摩詰經》之「去病而不去法」的精神十分相通。牟先生對老莊的詮釋在當代是別出新義而戛然獨造的，凡此可見他的《才性與玄理》（台北學生，1974）、《現象與物自身》（台北學生，1975）、《中國哲學十九講》、《圓善論》（台北學生，1995）和《因說演講錄》（台北鵝湖，1997）等書，筆者亦曾在〈論牟宗三對人間道家的哲學建構——以老子思想的詮釋爲例〉（《南華大學哲學學報》第三期，2001）一文中對牟先生的講法做了完整輪廓的勾勒，該文也代表著筆者在本書中的關於老莊教育思想的基本看法。

註④　「儒道互補」是學界一個非常流行的講法，但它的定義及內容在學者間卻分歧混淆不堪，筆者曾撰〈儒道互補論的辨析與詮定〉（《東吳哲學學報》第五期，台北東吳大學，2000）予以釐清。若筆者之意，「儒道互補」乃是以道法自然的虛靜觀照來護持人文化成的日新又新，亦即是「以儒濟道，以道護儒」。

第二章　臺灣教育的哲學基礎

壹、教育的常道與典範

——創造性人文主義的觀點

一、常道與典範的辨證關係

希臘哲學中曾經提出邏各斯（Logos）的概念，此概念具有言說、理性、論理、思維、法則、通路等多元而複雜的意義，因而和中國人所常說的「道」在形式上非常相稱，只是中國人的心靈一向偏重於生命智慧之證成的殊勝理趣，這就使得「道」尤其具有實踐性的特色。《易經．繫辭上傳》曾曰：「形而上者謂之道。」「道」之做爲形而上的眞實，從存有論說它是超越的所以然之理，亦即天地萬物之實現的根源和存在的根據。①然而《中庸・第一章》又說：「道也者不可須臾離也，可離非道也。」《道德經・第三十四章》亦云：「大道氾兮，其可左右，萬物恃之而生而不辭。」可見不論是儒家或道家，都一致認爲超越的道它同時亦必是不離於萬物而與萬物常在的，換句話說，道乃具有既超越又內在的不可思議性。超越的道本是絕對而恒常者，因其兼具內在性，所以又是至平常者，於是我們乃將它概稱之曰「常道」。常道在生活的世界中就是永恒的理想與絕對的標準，《中庸》所說放諸四海而皆準、百世以俟聖人而不惑者，惟常道始當之②。

相對於常道的亙古不渝，另外還有一種特別用來呈現階段性指標意義的「典範」（paradigm），它則是可以更迭取代的。「典範」一詞最早出現在後期維根斯坦（Ludwig Wittgenstein,1989-1951）的哲學中，原指語言使用之時能夠對宇宙描述一圖象的具體事例，後來則由孔恩（Thomas Kuhn,1922-1996）所沿用，孔恩並參酌了博蘭霓（Michael Polanyi）知識論中「支援意識」（subsidiary awareness）的用法而衍發成爲他所建構之科學發展史的一個最基本的概念，不過後來孔恩又建議把典範改稱爲「專業母體」（disciplinary matrix）。孔恩定義典範是一共同體成員所共有之信念、價值、技術手段的總體，並指出典範常使人形成「內斂性的思維」，因而使得知識或科學趨於常規化、集團化和社會化，但典範卻又預設了「發散性思維」的可能，科學之所以能夠革故鼎新，就是在內斂和發散所形成之「必要的緊張關係」下順利展開的。

典範原被孔恩拿來指陳科學史中穩定與變革之消長發展的依據，但是由於定義的寬袤，乃逐步衍伸出二十餘種講法，而在社會科學領域被廣泛的接納使用。我們現在又是採取新的格義方式，將典範看做是學術文明在普世化和有機發展上的階段性共識。蓋人類精神開拓的歷程中，同時期的不同地域與民族，在智性探索、價值判斷和生活取向上往往也會形成主流性的集體認同，典範的出現就是和這種認同表裏相待、相輔相成。換句話說，典範是時代精神的象徵，它能夠反應時代的心靈，同時也規約著時代的思考。典範凝聚了時代的傾向乃形成一種主導的力量，然而像斯賓格勒（Oswald Spengler,1880-1936）所謂之熱力工程學中的熵（entropy,或譯爲「能趨疲」）效應，它亦不能自免，因爲它的規約性總會在日居月諸中逐漸地磨損退化，等到消耗竟盡之後，則又有更新之典範的出現以再領風騷，這就是「典範的變遷」（paradigm shift）。

典範的變遷是一種突破與重塑的過程，它們前後的替代就反應著舊時代的結束和新時代的來臨。如此說來常道和典範的差別，相當類似於《易傳》所謂易之三義中，「不易」與「變易」的關係了。不易和變易雖然有辨證的一體性，卻不能說彼此是等同的，常道和典範亦復如此。有此釐清，可以幫助我們了解儒學的永恒性和因時性，以及它在教育理論、理想上所可能的貢獻。

學界向來有人認爲儒家是農業時代的文化產物，已經不適應於現代的工商業文化以及未來的資訊文化；也有人說傳統的儒學是頑固的保守主義，完全缺乏現代性、更沒有後現代性，因此應當被徹底揚棄。筆者要指出，這種類似斯賓格勒在《西方的沒落》一書中所提出之「文化斷滅論」的錯誤認知，都是不能明白區分常道和典範的不同才導致的，其若因此而否定儒學在當今教育上的價值或完全抹殺它對人類理性發展的啓發功能，則更是不可原諒。

二、創造性人文主義的啓示

孟子在〈萬章下〉曾高度讚美孔子是「聖之時者也」，說他既是集伯夷之清、伊尹之任和柳下惠之和等三聖之大成，如「金聲而玉振之」者，同時又具有「可以速而速，可以久而久，可以處而處，可以任而任」的通達活靈。孟子譽孔子爲「聖」，是肯定他對不可須臾離也之大經的終極體現，「時」則是形容孔子能夠因時因地表現其無過無不及之權中。依是，孔子的德慧必應合於常道和典範，此孟子固已知之矣。惟孟子對孔子的評價，雖然重點在主體人格的境界，但是社會實踐的意義卻已義在言外、昭然若彰了。蓋儒家之聖必不只是孤明獨發而定然可通達於客觀理想以求人立己立，其不墨守成規的與時俱中亦自有其日新又新的發皇。據此以論，則孟子之服膺於孔子者，正是一種如《大學》所謂「大學之道，在明明德，在親民，在止於至善」的理境了，此一理境實即樹立了一「創造性人文主義」的精神傳統。

儒家所開顯的創造性人文主義，從生命的理想說，是在興發世人「踐仁以知天，體物而不遺」的嚴肅意義，它點醒世人必須找回不安不忍的內在仁心以爲立志行世的活水源頭，並擴而充之企求人生人際的倫理化而成爲永恒的常道；再從歷史文化的三代傳承看，它不但肯定周文禮樂，同時也進一步超化其理、普化其性，讓此一善的形式在因革損益中回應著不同時代的特色，表現出典範之與時俱行的價值。合此二義，亦可見創造性人文主義在客觀意義和集體實踐上的重要啓示。至於創造性人文主義的內容特色則又可約之爲三：一是陽剛健動，二是倫理優位，三爲肯定人本；筆者過去亦曾以精思力踐、建中立極、內聖外王和統貫天人四義說明其基調，③其揆一也。

孔子之一生，從十五志於學到七十而從心所欲不踰矩，其實就是不斷地在開發生命的意義、豐富人生的內容和展現全幅的人性，此乃具體示現了他陽剛健動的創造精神，而《論語・雍也》所載：「冉求曰：『非不悅子之道，力不足也。』子曰：『力不足者，中道而廢。今女畫。』」也能顯示孔子對道的熱忱以及他之不願畫地自限的努力。孔子又說：「志於道，據於德，依於仁，游於藝。」（《論語・述而》），正一方面說明超越的道、客觀的德與不安不忍的內在之仁心，三者間存在著貫通性和相依性，另一方面也說明人生的圓滿自在是情意交融、美善合一的。孔子更說：「人能弘道，非道弘人。」（〈衛靈公〉）其強調人的能動性，亦可見一斑，而此一充足具備人之主觀能動性的人文主義，乃包含著超越意識與客觀精神而不必與神本、物本之主張相對決，此又是前輩學者如唐君毅、牟宗三諸先生所津津樂道者。④

綜前所述，所謂創造性的人文主義，純然在積健為雄地以圓滿實現整全的人生、多元開展生命的意義為終極的理想與關懷，其實踐之圭臬乃是先自覺地發現道德的人性本為生命人格的主體，然後戒慎恐懼地躬省篤行之，求其能上體天德、貞定群倫而共證至情至義之大我。其至誠無息而可高明博厚悠久無疆，其致曲之勢能則要形著明動變化以終成萬物而不遺，凡常道、典範之易與不易的慧識亦皆不外乎此。

三、儒學因應時代的典範轉移

常道與典範的關係是「理一而分殊」的關係。其實最能夠眞切說明儒家的常道和典範義者，莫過於教育的理想理念和文化的適應性。教育是不分國界和種族的，儘管在不同的文化、不同的學理之間，對於人是什麼、人性是善是惡、教育是導引或是改造等等問題，還存在著相當的爭議，但是認爲教育的意義和目的是在啓迪人的心智、發展人的理想、實現人的價值，最後成功建構理序祥和的社會，這種堅持卻是大家永遠相同的，換言之，這就是教育的常道。筆者過去曾將儒家創造性人文主義的教育宗旨歸納爲三個向度，亦即：人性的導引、人文的化成和人道的建立。基此三義可見它是完全合乎教育常道的要求，當可爲百年大計之準繩的。

至於如何從不同的教育背景和文化生態，去說明或發現儒學典範轉移的現象則較爲複雜，限於篇幅我們只能做如下的簡單劃約。首先可以說：春秋戰國之不同於三代，是它突破君師一如的界限，將知識從貴族專利中下放到庶民百姓，而孔子首倡私人講學之風，並以有教無類的平等精神廣收門徒，在當時正佔有著軸心化的地位；兩漢以降直到滿清末葉引進西學之前，是大一統的形成，官學即儒學爲主要特徵，這是另一個典範的出現，其中最重要的文化互動是儒佛和儒道的大開大合、相摩相蕩，但無論如何所形成的傳統不外乎是「倫理本位，職業分途」⑤，其深受儒學之影響自不待言。這近二千年的歷史還有一個共同的教育理念，那就是「師嚴道尊」，由是更衍生出「但有來學，未聞往教」的問學要求。我們並不接受所謂「超穩定結構」的說辭，⑥更不可能將兩千年的歲月都當做是牽補度日、掛漏過時，現在之所以把這兩千年做一個設限來考察，只是相對於百年來的一大變局來說，它們的同質性較高而已，這其實是不很嚴謹的。

西風東漸則是另一次新典範時代的來臨，這時舊有的教育內容和方式都深受抨擊，寖假到了五四以後更達到高潮，打倒孔家店的口號高倡雲霄，知識分子以崇尙自由爲美德而追求政治的民主，同時視傳統爲反智的枷鎖而主張科學至上，這是幾千年來對儒學的最大質疑，其間固然有國粹派和守舊派的出面維護，終是抵擋不住怒濤狂流，幸賴當代新儒家的崛起，他們以儒學第三期發展自許，⑦試圖藉由西方哲學的對勘研究，有效爬梳儒學的現代性，以化解儒學的危機。他們充分了解知性在現代化的重要意義，所以莫不認眞思考知識的源由和地位，希望爲心性之學仁智雙彰的可能提供一套合理的哲學解釋，如牟宗三先生之將孟子互比於康德（Immanuel kant, 1724-1804）而求中西文化之會通，並證成儒家天道人德一以貫之的「道德形上學」，以爲保住一切的存有論基礎，然後再以「良知的自我坎陷說」爲認知心的轉出提供意見，即爲具體的例證。⑧

誠然當代新儒家的成績是否讓傳統的儒學有效地轉移典範，學界之間還是見仁見智，不過值得注意的是，儒學之可以做爲現代生活的智慧似乎不如想像中的艱難，因爲當代新儒家們絕大多數爲教育工作者，其中不乏畢業於以西式教育爲樣板的師範院校，甚至亦有任教其中者，他們對當代的教育學理論並不完全陌生，卻能以儒者自居將文教事業當做志趣和理想，並以現代的形式客觀的表現之，儒學之能回應現代化的要求，在他們的生活上是已然得到良好的證明。

四、德性中心系統的解紐重構

當現代化的議題還在未開發及開發中國家持續發燒時，文明的腳步卻毫不停留地將我們推向後現代（post-modern）的序幕，並開始對現代性做出批判和反省。⑨從目前的發展而言，不但是代表現代性精神的統一化、標準化、效率化受到強烈地質疑，現代化的最大弊端如科學主義的掛帥、工具理性的獨大、人性的自我疏離、商品價值的崇拜等等，更是世人所詬病。在後現代所掀起的解構風潮下，大家莫不異口同聲地大肆撻伐，他們都說要反一元主義、反中心主義、反本質主義、反主體主義、反沙文主義、反集體主義、反理性主義、反霸權主義、反資本主義……，總之就是「反」，當能夠扯下現代化社會或人倫間的這些具獨斷性的招牌之後，所可以留下的就是肯定多元開放、欣賞他端另類，而一向對儒家的聖智仁義強烈表示不以爲然乃用反叛的口吻宣稱「反者道之動」和「正言若反」的老子思想，⑩在這個機緣之下也搭上了時代的列車而成爲一時之顯學。

後現代精神的正面意義，消極地說是在衝決禁忌、顛覆威權、取消壟斷、破除主流，積極地看則是希望徹底開放而全體肯定之，此有如《莊子・齊物論》所言的：「和之以天倪，因之以曼衍，所以窮年也。忘年忘義，振於無竟，故寓諸無竟。」這個體現很好，儒家應當也能欣賞，但是其流風儒家就不一定完全苟同，尤其等而下之者爲之，總不免是勤於做怪、敢於做怪，並且要別人學會見怪不怪，否則就其怪自敗，種種光怪陸離的世紀末亂象，有些儒者看在眼裏大概要歔欷世衰道微、人心不古了。

後現代之相對於傳統及現代，是充滿叛逆和緊張的，因此總有人不免會質疑在後現代所引發、價值教育式微崩塌的大環境下，儒家以德性爲優先的主張是要做唐詰可德式的對抗呢？還是有什麼轉化的可能以面對和適應呢？也有人在詰問：儒家之以德性爲主體並企圖以此含攝、曲成客觀一切的主張，仍脫離不了主客對立的思維架構，此將如何自我調節以發展出溝通的理性（communicative rationality），完成互動（interaction）的行爲模式？又向來強調天尊地卑、男尊女卑的儒家，要如何回答女性主義的訴求？如何合理化兩性平權的問題？更有人從「受教者是教育權惟一的主體」的見解，判決儒家在教學理念上永遠擺脫不了道德精英主義「君子之德風，小人之德草，草上之風，必偃」的窠臼，而極端地表現出反後現代性的性格。

當然也有人持樂觀的看法，但不可諱言的，儒學現在所面臨的困境確實是四戰之野、多事之秋，其最大的難題是以道德主體爲行爲宇宙和自然宇宙之中心的思想體系，將如何從有別於良知之坎陷的另一種坎陷中，大死大生一番之後，以持續遂行其大生妙運的造化？從過去的歷史看，儒者並不曾在任何時代的饗宴中缺席，儒學的後現代性反省亦是如此，儘管這個劃時代的任務現在才逐漸的展開。但儒學之可以在新的浪潮中自我給出新的典範，筆者則是充滿自信的，這裏不好多說，我們僅僅愼重的指出，假如解構是後現代的一項重要指標的話，它的作用必定是在期待所有的一切都能更寬大、更有攝納的空間，這就與儒學致廣大而極精微的精神相容不悖了，至於其典範將如何有效地轉移，凡是眞正的儒者都責無旁貸，大家拭目以待可矣。

五、孔子德業與儒者大願

孔子在歷史上最具體、最重要的業績是推展文化、普及教育，他相信藉由文化和教育的力量可以調和人心、安頓天下。職是之故，即使是政治對他來說也不過是另類的人格教育、道德示範而已，例如《論語・子路》中說：「季康子問政。子曰：『政者，正也。子率以正，孰敢不正？』」就是明顯的證據，而《大學》把天下的長治久安歸諸於統治者之能「明明德於天下」，乃具體詮釋了孔子「即政治即教育」的心法。現代人是以權力現象爲核心來界定政治，並譏諷孔子的德治主義或禮治主義是一種天方夜譚，殊不知孔子只是將政治理解爲教化群倫的客觀理想，此已完全排除了權力意識，循非當今所謂之政治矣，所以任何的批評亦不免是無的放矢了。⑪

兩漢時代曾推尊孔子爲「素王」，這是形容孔子乃未王而實王者，亦即在表彰他對文教事業和世道人心上的偉大貢獻，乃足可爲學術之王或文化之王者。素王是純白素淨之王，也是無所得之王，它的王者義含固不像朝代帝王之在權柄威勢或廣土衆民上見，但明其心量德量之能統貫天地人我，而爲人中之最，以及其教化之功有如溥博淵泉故也。許慎在《說文解字》中曾經引董仲舒的話說：「古之造文者三畫而連其中謂之王。三者，天地人也，而參通者，王也。」從中國文字的造字原理來看，「王」應該是「旺」的本字，原屬於不成文的符號，用以模擬著燈火明亮時的火焰形狀，當歸之在六書中的指事類，所以如果單純地從文字學而論，它的本義就未必然如許、董之見那樣的神聖複雜，但是如果根據創造性的詮釋學（creative hermeneutics）做考察的話，董仲舒確實是有他的高明，因爲他的這種說法頗爲能夠有效傳達「知周乎萬物而道濟天下」和「通天地人曰儒」的孔門理想。⑫

孔子之所以爲素王除了前面所述外，筆者以爲可以再有另外的解讀。「未王」或可以說是理想的尚未實現，此象孔子雖有志於天下文明的道皇皇，但在現實上卻未必能夠克竟全功；

「實王」則在形容孔子之「知其不可爲而爲之」，乃眞正能以任重道遠的自覺，爲埋想的充其極朗現而踐履篤行。綜合以上兩種意思，可見「未王而實王」正是藉著人當有、亦必有無限光明之未來的願，以彰顯人之恒應以永不止息的努力而爲天地間留下業績和典型。以今觀之，人類的追求至眞至善至美亦正是一種永恒的事業，此永恒事業之最恰當表現就在教育，是故教育人員之至誠無息以期參贊天之化育，乃無所逃於天之間者，若孔子之願則不亦如此而已？其一生之修爲亦不外對此做出相應的詮釋？

儒者之願是教育文化的永續相傳、歷史文明的麗乎天下，其創造性人文主義之教理既如斯盛大，孔子的德業又是學者之最、王者之範，值此新世紀伊始之際，我輩當以復見其天地之心爲意，則更宜乎回首前瞻、鑑往知來，是故筆者不敏，敢藉教育文化的恒常性與適應性爲例，略述儒學常道和典範的辨證性義理而肯定之，區區之心續貂之意其庶幾矣。

貳、後現代的教育思維

——以老莊思想為例

一、教育的本義與新義

在傳統的哲學思維中，天地人我的存在和關係原是多元並存而渾然一體的，且其爲一有機性的整全乃均衡、和諧而不可分割者。⑬基於此義，所以任何一個能夠充其極實現自我的人格，當亦必是統貫浹洽宇宙萬有、並與之共生共榮的整全人格。換句話說，人是以萬有共成之場域中的一分子而出現，他的實存則是因爲其能呼應存有的召喚、進而開顯天地宇宙的無盡奧藏，人的眞正主體性究其實是對比於他者（the others）並求彼此融通的互爲主體性或主體際性（inter-subjectivity）。

傳統的儒家和道家（在本文中專指老莊）思想當然互有其精采，⑭張起鈞先生認爲它們的主要差異是道家崇尙自然而儒家贊成人爲，⑮唐君毅先生則以人文主義和超人文主義來界定彼此的特色，⑯筆者亦曾在〈莊子寓言中的逍遙思想〉一文中，以「解構性人文主義」爲道家精神的特徵，而明顯地和儒家之「創造性人文主義」形成對照。⑰從這個對照中我們可以發現，道家思想是特別具有後現代（post-modern）之意義的，本文之所謂後現代的教育思維，即在探討老莊思想對當下教育的啓示。又老莊者流亦可稱做「生活道家」或「人間道家」，因爲他們雖然有志一同地對文明的弊病表達了強烈的不滿，但是最後的目的，卻無不希望每一個人都能夠在當下的生活世界中，具體而圓足地感通物我、和諧世情以成就長生久視的人間。職是之故，老莊他們之對於世間的關懷與期許，乃是無庸置疑的，筆者之所以堅持道家仍然屬於某種另類的人文主義，亦即據此而論。

惟不論是儒家所主張之「範圍天地之化而不過，曲成萬物而不遺」（《周易・繫辭傳上》），或是《道德經》強調的「致虛極，守靜篤，萬物並作，吾以觀復」（〈第十六章〉），它們卻相同地肯定：人之根據主觀能動性而展現的種種努力，當下即是「對一切存在者進行反思與成全」的活動，所以歷史文明的創發或解蔽固然不可能隔絕地進行，個體的覺醒更不會是在斷潢絕港中實現。

教育是人文活動中最重要的一環，服膺儒家、道家思想的哲人往往也是身體力行的教育家。在萬物一體的哲學觀下，他們莫不認爲：教育的實施正是用人類之反思與成全所獲得的文化業績爲教訓，再透過性情的共振與感動以彰顯另一波新的文化業績；人是教育事業之主動的參與者和實際的受惠者，但參與的動機並不在於寡頭地突顯自我以戡天役物，眞正的受惠則是開發智慧以證成「博厚配地，高明配天，悠久無疆」（《中庸・第二十六章》）或「天地與我並生，萬物與我合一」（《莊子・齊物論》）的偉大情操。

儒家、道家的傳統是如此地將自然宇宙、生命人格、理想價值、歷史文化等視爲有機的統一體，並企盼能整全地肯定之。職是之故，它們對教育的期待是希望眞正能夠啓迪學子的整體性自覺，使之樂於一起實現宇宙與人生、自然與人文所鎔鑄的眞善美聖並求其可大可久。換句話說，教育的重心是側重於道的傳承，它在乎打開後生的眼界，使之內視自我，並觀山觀海觀天地，至於知識技藝的傳授尚在其次。韓愈〈師說〉中曾曰：「師者，所以傳道，授業，解惑也。」就是能夠充分反應這個共識，因而廣被傳統的士人所津津樂道。

然而傳統的整體性思維和教育觀念現在似乎不再是主流的價值。幾十年來台灣的教育學術和教育策略，完全移植自西方的思考並且充分反應了「唯認知主義」的導向。現在的教育是以知識的生產和行銷爲主要的目的，至於情意教學則變成學習過程中的副產品、被名之爲副學習或輔學習，而且依樣不能擺脫知識化的窠臼。老子曾有爲學日益、爲道日損的區分，[18]宋儒張橫渠亦曾將聞見之知和德行之知做簡別，[19]新舊之間的教育主張正好對應了這種區分並做出不同的選擇和認定。一言以蔽之，我國傳統的教育是在開導學生之通達的慧識，現代移植於西方的教育主流則側重於理性知識的培養。

二、老莊思想的後設性格

哲學是普遍性、基礎性的學問，也洋溢著反省性的思維。儒家、道家思想之可以被稱之爲哲學，即在於它們具足了上述的性格。儒家、道家對於教育當然有其獨到的理解，它們之不同於西方唯認知主義的教育觀，即彰顯了傳統教育哲學的本色。惟儒家和道家亦有各自的取向和貞定，筆者在〈孔子的創造性人文主義〉中既已對儒家部分做出詮釋，⑳本文乃特針對道家的觀點提供個人的意見。

相較儒家之人文化成於天下的創造性理想，道家是素樸的、是解構的、是回歸的，所以它更特具有一種後設（meta）的性格，而以無限的敞開與包容爲最終的訴求。學者中有以道家是反文明論、退化史觀或自然主義者，筆者卻認爲它是十足的解構型或解放型的人文主義。蓋道家的關懷並不離於天地人我，它是以一種「去病不去法」的醫護態度來檢視世間的一切。

老子以無爲爲首出，主張「反者道之動，弱者道之用。」（《道德經·第四十章》他告誡世人不可奔競於奇巧淫利之途，亦不必被人爲的聖智仁義所困惑，而當體認「爲道日損」的眞諦，努力在去私去執的努力中，重新找回天地人我的原始美好，是之謂「復歸於無極」、「復歸於樸」（〈第二十八章〉）。老子不認同鋪張浮華之向前、向外的開展，反而提出逆向性思考。他一再提醒世人不可以益多爲榮，而當回過頭來清理生命中不必要之包袱，讓自己在無爲無執的自在中，寬以容物的享受物我共榮的和諧。老子的這種思想若對比於弗蘭克爾（Viktor Frankl）的「意義治療」（logo-therapy），誠然如袁保新先生所斷言，乃具有一種

文化治療學（therapy of culture）的成色而可爲文明的守護者。㉑

莊子深受老子「見素抱樸，少私寡欲」（〈第十九章〉）以及「去甚，去奢，去泰」（〈第二十九章〉）之開示，乃有心齋、坐忘之說，㉒同時主張「爲善無近名，爲惡無近刑，緣督以爲經」（《莊子・養生主》）地使人兩忘兩行於是非、生死、窮達、吉凶、禍福之間，亦即無門無毒、不將不迎地面對生命歷程中的種種不可奈何而安之若命。莊子不滿於成心的作梗以及對偶性原則所造成的二元性對立，喝斥這是「道隱於小成，言隱於榮華」（〈齊物論〉），所以極力反對像儒家、墨家那樣地自是其是、自非其非，認爲無論在言辨立場和意見的取捨上，應該體認「彼是莫得其偶」（〈齊物論〉）的道理，兩不掛礙地「化聲之相待，若其不相待，和之以天倪，因之以曼衍。」（〈齊物論〉）此外，莊子對統治者的期待是「游心於淡，合氣於漠，順物自然而無容私焉」（〈應帝王〉），最後則是以「至人無己，神人無功，聖人無名」（〈逍遙遊〉）爲人我之逍遙無待的終極理境，且此一終極的理境並非超世、遺世、離世、逃世、避世地獨善主義或孤芳自賞者，而是在當下具體的生活世界中，要求自己能夠「乘物以游心，託不得已以養中。」（〈人間世〉）㉓

傳統的理念特別以通達慧識之開啓爲教育的首務，此迥不相侔於西方教育的「理智第一」、「知識掛帥」，因此乍視之下，二者間的差異難免形成某種的緊張關係，余英時先生過去曾以「主智論」（intellectualism）來形容西方思想的特色，並概括認定我國先秦諸子的思想乃具有「反智論」（anti-intellectualism）的傾向。㉔余先生的區分並不一定有優劣的分別，他是從對比哲學的立場所做出之描述性的判準，其中確然有其見地，假如放在教育哲學來衡量，則更容易凸顯它們的不同。

不過筆者願意進一步澄清的是，儒家、道家反智論的眞正意圖，乃是「反理智優先主義」或「反唯認知主義」，亦即牟宗三先生所說之「反理智一元論」者，㉕徇非徹底否定知識的意思。蓋儒道兩家既然主張同體肯定天地人我、主張眞善美聖的可大可久，又怎麼會去干擾知識的形成及其存在呢？且教育既然是要開啓人之通達的慧識，又如何能阻隔理智的運用呢？王邦雄先生曾說老子「正言若反」（〈第七十九章〉）的眞正意義，並不是本質的否定，而是辨證的成全，㉖筆者依之而謂之曰「反反以顯正」，苟其然則道家思想更正確的說，它應當是一種超越的反智論者。㉗

三、道家視野下的知識地位

儒道兩家的教育理想，是在充其極朗現一種暢通百世、橫攝萬有的整全人格。凡此理想人格其心量之大、德量之廣、器宇之寬，猶如史學宗師司馬遷在《史記・自序》形容的：「究天人之際，通古今之變，成一家之言。」或像莊子之：「獨與天地精神往來，而不敖倪於萬物；不譴是非以與世俗處。」（《莊子・天下》）換句話說，這種大人的修養即是上文所恆言之「通達的慧識」，亦可簡稱之爲「通識」。通識是一種一體性和全體性的體認，它並不等同於知識，且光有許多的知識也不一定能夠具足通識的涵養，所以自許是：「翻身攀南斗，仰首倚北辰，舉頭天外望，無我這般人」的陸象山，㉘他會認爲「某雖不識一個字，亦得堂堂正正做個人。」但通識之何以爲通識，乃是無入而不自得、無一物而不可成者，因此，它對於知識絕對沒有否決的理由。

從歷史上看，我們承認儒家之側重於德行之知的涵養，長期來不免疏忽了聞見之知的經營，但以儒家創造性人文主義的立場，它確實可以由「正德，利用，厚生」的本懷，進一步去肯定知識的必然性。儒家之可順而開天開地、逆而成聖成賢，凡此學者間固多有論證，本文亦暫不贅述。至於道家縱使有許多非薄知識的言論，然而如果我們能夠了解道家「無」的哲學乃是以蕩相遣執、融通淘汰爲全體大用的話，就能體會《道德經》說的「愛民治國，能無知乎？」（〈第十章〉）或「塞其兌，閉其門」（〈第五十二章〉）等，其實莫不是在疏通知識的專斷，使其更能恰如其分地安於處理實然問題的畛域，而不是崇拜原始的洪荒、走歷史的回頭路。當然我們也必須承認，道家對於知識的創構並沒有積極的表達，畢竟它僅僅是以後設的反思和批判爲主軸，而缺乏儒家開天開地、成聖成賢的繁興大用。

據上所述，可知傳統的教育思想中，雖然不是以知識的教授爲薪火相傳的重心，且儘管道家思想中並沒有正面肯定知識或積極成就知識的論述，但是在我們面對種種理論理性（theoretical reason）的要求時，它卻可以提供一個更宏觀的視野，使我們能夠有所爲、有所不爲，尤其是在當下這個理智理性偏頗發展，工具主義獨大的時代，道家那種近於「去知識化」的強烈批判，不啻爲發聵振聾的獅子吼，而且也是旋乾轉坤的霹靂大手筆。

西方世界隨著後現代思潮的興起，「理性中心主義」、「一元主義」等都受到嚴厲的挑戰，顚覆、解構之聲更不絕於耳。蓋西方文化的知性傳統原本就淵遠流長，啓蒙運動以後，更是逐步將理智理性的地位推向歷史的高峰，寖假以漸乃在當代世界中，形成一種具宰制性的知識霸權，其專斷與蠻橫，甚至連意志情感等亦被強迫馴服於它的淫威下。然而這種唯知識性的一元化獨裁顯然是一種偏宕或迷執，目前已然遭遇強烈的質疑和反動，並且在迅速的瓦解中。其實西方之後現代思想或解構主義所展示的反省路向，它和道家思想之「學不學，復衆人之所過」（《道德經・第六十四章》）正有著異曲同工之妙。

老子曾揮動其「超越的反智論」的批判大刀而懇切提醒世人「絕學無憂」（〈第二十章〉），他警告過大家：「常使民無知無欲，使夫智者不敢爲也。」（〈第三章〉）並且也對已然異化的泛道德主義（pan-moralism）提出「天地不仁，以萬物爲芻狗；聖人不仁，以百姓爲芻狗」（〈第五章〉）的規勸，㉙希望我們能夠體現「絕聖棄智，民利百倍；絕仁棄義，民復孝慈」（〈第十九章〉）的眞諦。凡認同於後現代立場者，對此道家式之解放性的呼喊，當然心有戚戚焉才對。然苟眞如是，則在當代教改聲浪高入雲霄之際，老莊思想又豈可再被疏忽呢？

四、老莊哲學對當前教育的開示

台灣幾十年來的教育，完全是拾洋人之牙慧而亦步亦趨者，科學教育、知識教育固然如是，即使攸關倫理抉擇、價值判斷等等之身教言教，在我國文化傳統中早有深厚的積澱，但是台灣校園內的生活教育或輔導理論卻依然置之罔顧，只一味鍾情於西方主智系統下的心理學主義或行爲科學理論。

筆者昔年在國中任教時，因爲兼任訓導處行政工作之便，曾經處理過一件國三學生蹺家逃課、並涉嫌誘姦同班女同學導致懷孕的個案。該生平時雖桀驁不馴而被視爲頭痛人物，但在鑄成大錯之後亦難免心存惶恐，經道德勸說、懇切面談，終於聲淚俱下地深表懺悔，然而遺憾的是，當他再由輔導室做心理重建、從輔導室出來時，竟然輕鬆地改口承認，自己只不過是認知不足、操作不善才犯下錯誤，而這些錯誤並不涉及良心安與不安的問題。該當事人前後這種判若天壤的變化，顯然是在接受諮商輔導時，被價值中立之行爲理論直接暗示才造成的。凡此經驗其實在現今的校園中並非特例，它的確是讓有心人士、尤其是認同傳統教育本義的老師們徒呼奈何。

惟筆者仍樂觀地相信，台灣的教育一直是在尋求突破和進步的，因此種種不健康的現象，應該都會得到改善才對，例如即將在國民中、小學全面實施的九年一貫新制課程，如果能夠成功地達到應有之理想與績效的話，或許就是一個調適上遂的絕佳機會。

不可諱言的，教育部之罔顧客觀條件的不足以及軟硬體設施的欠缺完善，毅然宣佈國小、國中分別自九十學年度和九十一學年度起改採九年一貫的新猷，難免給人留下匆促而冒險的印象，然而如果大方向是對的話，大家還是應該懷持著肯定與鼓勵的心情來共襄盛舉，筆者就是以如此的態度來看待這件事。九年一貫的課程理論，筆者並非此中道人，所以不能多贊一言，但是如果我們從哲學的觀點來檢視它的存在時，其實不難發現它的兩大特徵：一是反對學科本位主義，二是反對知識中心主義。

仔細地說，九年一貫的新制，首先是將學習的教材重新規劃調整爲七大領域，不再因循過往的學科分類，由此而可以避免細瑣的切割，使得學生的學習效果更趨於統合。再者，九年一貫的新課程並沒有統一指定的教科書，它甚至鼓勵老師不要倚賴現成的制式教材，應該儘量結合周遭環境的各種資源，包括人文與自然、物料與人力等，並將具體的感受與經驗融入到上課的內容當中，換句話說，它重視生活世界的參與和對話，而不再以純知識的灌輸爲教學的主要目的。

假如筆者對九年一貫新課程的特色沒有誤解的話，那麼它的哲學基礎可以說是和道家思想若合符節。蓋道家的整體性思維原本就是反對本位主義的封閉與僵固，而對於唯知識化與泛道德化的荼毒宰制，更有著痛切的反省。道家思想的旨趣，乃是期待每一個人都能夠先從自己放鬆執著、解放成見，然後以此開放的心靈來觀照一切，共同實現天地的美好，老子說是：「以身觀身，以家觀家，以鄉觀鄉，以國觀國，以天下觀天下。」（《道德經・第五十三章》）莊子則以謬悠之說、荒唐之言、無端崖之辭形爲：「若夫乘天地之正而御六之辯以遊無窮者，彼且惡乎待哉？」（《莊子・逍遙遊》）

不管是提出九年一貫新課程之理論的教育學者，以及目前從事這項實驗與操作的第一線國中、小學老師們，他們都不一定能意識到老莊講的道理，也未必有更基礎性之哲學的反省與自覺，但是此新課程之所以令人矚目並值得大家全力以赴，應該就在於它的最終關懷和具體的思維，的確可以企向於老莊思所開示之深閎而肆、宏大而闢的境界。可惜的是，當政府大張旗鼓地在台灣各地，針對新課程的即將實施而努力培訓種子教師、演示教學方法時，卻從未告知它的正當性和必然性，使得不少人依然心存觀望，甚至消極地抵制抗議，此誠然值得主事者的留意。筆者希望爾後九年一貫的講習時，不僅要告訴老師們「如何去做」，更要兼顧哲學性的啓示而提醒他們「爲何該做」，更希望各教育當局能重視道家教育思想對此劃時代新猷的實質貢獻。

五、道家思想在校園中的實踐

老莊思想之做爲生活與教育的指導原則，在具體的校園環中，自然有其實踐性和啓發性而值得大家的重視與保愛，今限於篇幅，只扣住當下常見的事象，犖犖言其大端。

首先，知識的方法與動機原本是在處理實然的問題，它必不離開主客二元對立的架構，更不能不依據邏輯的法則做合理性的思考，最後的結論則在建立對象的恰當認知。然而由於唯認知主義的泛濫，現在竟然要用它那種割裂的方式與對偶性的紀律，鳩佔鵲巢地爲應然的判斷做主，這不但是思想的越位或錯置，甚至就是一種凌駕式的欺壓與傲慢。唯認知主義的習氣是應該被譴責的，因爲它的本分原來只是有效釐清實然的眞假問題，至於應然上之是非、對錯、善惡、美醜等的裁決，它就必須謙退、保持緘默。孰知它卻展現爲一種霸權而緊緊盤踞在台灣的校園中，其至強化成根深柢固的意識型態，形成一種結構性的無明。像這種觀念的災害和倫理的障礙，乃非常迫切地需要對治與克服，而道家物各付物、如其所如的解放思想，正可以予以充分的洗滌以求冰解凍釋。

復次，一往在課程標準中，都有自習課和團體活動，我們稱它們為「空白課程」或「隱課程」。㉚「隱課程」之不同於固定學科教學的「顯課程」，就在於它的不做任何統一的規定而允許學生自由的運用與發揮，如果用老子的話來形容，隱顯兩者的差異，就是「有之以為利」和「無之以為用」（《道德經．第十一章》）的不同。然而大家似乎都不太在意「隱課程」的重要，而誤認它只是「顯課程」的預備和附庸而已。在一般的情況下，它常常被拿來權當補課、趕進度之用，或者實施勞動服務、精神講話，甚至挪做專門學科之平時測驗的時間。很多學校現在更由於全面實施週休二日，導致「顯課程」的上課時數普遍不足，所以乾脆就以取消「隱課程」的存在來做因應。

其實學習是需要適當的調節和休息才能充分達到效果，創意的成功也要來自無預設、非制約的自由空間，所以老子會說：「天下萬物生於有，有生於無。」（〈第四十章〉）「隱課程」的設計就是呼應了這種理念而有其不可取代的功能，遺憾的是這番良法美意卻被蹧踏掉了，在此筆者乃鄭重呼籲，隱課程並不是在縱容學生掛漏時過、牽補度日，而是要給予他們蘊藉涵養的從容使之蓄勢待發，所以它不亞於顯課程的地位而必須得到應有的重視。

最後，九年一貫新課程的實施，勢將打破舊有之固定班級教學，且在資源共享分享的大原則下，協同教學，聯合上課反將成爲未來的常態，是故，班群合作乃是必然的趨勢。其實過去之獨立的班級建制乃是著眼於績效管理與刺激競爭的考量，所以充滿著制約性與和結構性，九年一貫的精神卻是顚覆這種舊思維而以協調來代替對抗，這無疑也是一種道家精神的顯現。不過合作的成功是來自於相互的容忍和尊重，大家唯有用心體認《道德經》中「不自見故明，不自是故彰，不自伐故有功，不自矜故長」（〈第二十二章〉）的道理，平等看待對方的意見，欣賞別人的想法，才能有效地開拓合作的空間，並營造出自愉愉人的學習環境。莊子曾說：「德者，成和之修也。」（〈德充符〉）又說：「其好之也一，其弗好之也一；其一也一，其不一也一。其一與天爲徒，其不一與人爲徒，天與人不相勝也，是之謂眞人。」（〈大宗師〉）教育如果是一種德業，九年一貫新構思的實施成功如果需要集思廣益以衆志成城的話，那麼老子與莊子的耳提面命，就應當是全體師生家長的共同座右銘了。

老莊思想之獨衷於解放與自在，這誠然使它不足以承當文化創生的責任，但終究不失是人際、人倫的潤滑劑，尤其是在面對禁錮和獨斷時，它更能開啓自由的可能而興發出生命的光彩。校園中師生同僚的群己互動，當下亦自是一種能夠讓大家性情共振協鳴、理義交光互映的現實舞台，如果參與其中的每一分子，願意再有深邃之道家式的覺醒與嚮往的話，那麼將可極成一生香活意的有情世界而引人入勝。莊子曾說：「虛室生白，吉祥止止。」（〈人間世〉）筆者亦衷心期盼台灣的校園能夠在和睦融洽的氣氛中，永遠散發著歡樂和美好。

叁、論教師專業的永續成長

一、香火與薪火的綿續傳衍

在國人的內心中通常存藏著兩把火炬，並且期待它們永遠能夠點燃，永遠能夠放光發熱。這兩把希望之火，其一是主觀義的香火，另一是代表客觀價值的薪火：香火離不開血緣親情，薪火則是歷史文明。願血緣親情常保溫馨，願歷史文明煥乎其有文章，是之謂香火之繼續、是之謂薪火之相傳。

香火之不可以中斷滅絕，乃是因爲它代表著家族生命的求其弗遠無疆，所以傳統庭訓中每每聽到「不孝有三，無後爲大」（《孟子．離婁上》）的告誡。很多人以爲這不免是一套養兒防老的功利心理下，所積澱而成的酬庸式倫理；也有人基於實用主義（pragmatism）的判斷，當它是在農業時代因勞動力的高度需要，所不得不然之「人多好辦事」的現實考量。殊不知它所反應的，其實是一種尊重生命的態度以及對生生不息之宇宙觀的體現。再者，此一生態、動態之觀念的擴及，必定是遍及於家國天下之蒼生百姓而油然生發其憐惜和保愛之眞情的，孔子之所以說：「一日克己復禮，天下歸仁焉。」（《論語・顏淵》）又如「繼絕世，舉廢國」（《中庸・第廿章》）之所以能被認爲是高度道德表現，凡此亦莫不都是源於這種護生愛生的人性自覺。

代表血緣親情的香火，我們之希望它能福祿永終，這當然是一種著眼於自我宗族之瓜瓞綿綿而表現出來的心願，相對於這種以自我宗族爲中心的主觀性要求，那麼對於薪火之繼續的期待，就是客觀意識的發揚了。薪火的光輝原是象徵著學術與志業的永續傳承，它本超越於自我宗族之外而求其普遍地含蓋，然而它亦不外是對可大可久之文化生命體的如實印證，孔子說：「周監於二代，郁郁乎文哉！吾從周。」（《論語・八佾》）又說：「殷因於夏禮，所損益可知也；周因於殷禮，所損益可知也；其或繼周者，雖百世可知也。」（〈爲政〉）就具體展示了他對歷史文化的認同和學術使命的自覺，薪火相傳的意義莫過於是。

薪火必須是永續相傳的，所以人間就必定要有施予者的示範和承受者的效法和學習，也就是要有教育的歷程，師友一倫於焉形成。然而，生而知之、安而行之的天才畢竟只是少數，對芸芸眾生而言，「化師法，積文學」（《荀子·性惡》）才是保證其能進步的不二法門，因此認真推動教育，使教育的成果能夠切確地落實與擴展，在我國一向被認為是治理國家的根本之道，所以《禮記·學記》就說：「君子如欲化民成俗，其必由學乎！」循是，「安其學而親其師，樂其友而信其道」（〈學記〉）也就成了傳統士人的基本修養。

二、師道是教化之本

學術傳承的重視，本來就是古今中外的哲人所共同肯定的，在春秋戰國時代即使是對於周文禮樂進行強烈批判的道家人物，也依然不能否定師友之間慧命相續的重要性，所以老子曾說：「學不學，復眾人之所過。」（《道德經·第六十四章》）若莊子則更直接地說：「指窮於為薪，火傳也，不知其盡也。」（《莊子·養生主》）不過相較起來，先秦諸子當中，出現在戰國中晚期的荀子，因為特別留意人文教養在客觀精神上的地位和意義，所以尤其能夠闡揚這方面的議論。荀子的全部著作就以〈勸學〉做開宗明義，一再鼓勵大家必須不斷的學習以求自我的持續成長，並且警告我們絕不能中斷學習，更不可以否定學習的重要性，否則必有「非人化」的危機。在〈勸學〉中，荀子對教育贊之曰：「神莫大於化道，福莫長於無禍。」他意思是：惟有教育才能高明配天，也惟有教育才能化解人間因非理性所導致的禍害，爲群庶締造長遠的幸福。筆者完全同意這種看法。

荀子就是如此地肯定和強調教化的重要性，所以他亦相對地特別尊崇師道的可貴，在〈禮論〉中荀子曾說：「天地者，生之本也；先祖者，類之本也；君師者，治之本也。無天地，惡生？無先祖，惡出？無君師，惡治？三者偏亡，焉無安人。」從教育的角度來說，荀子所謂的「治」應該有兩種意思，一個是指行爲的整飭，另一個是指學問的養成，而以他在思想史上被定位爲「倫理的主智主義」（ethical intellectualism）的立場，此兩者無乃是一而二、二而一的，它的克竟全功則歸諸於師弟的薪火接續，這對於一個生命的再塑造來說，其意義是不亞於天地父母的，所以荀子視師道爲治之本而與天地父母爲三。

通常被學界認爲和荀子思想有相當大之關連性的《禮記》㉛，更具體地表達了師道的崇隆，它認爲在倫理的選擇上師生之道是優先於君臣之禮的，帝王若遇見授業西席，理當先行師生之誼再論君臣之序，所以《禮記・學記》說：「師嚴然後道尊，道尊然後民知敬學。是故君之所不臣於其臣者二：當其爲尸則弗臣也，當其爲師則弗臣也。大學之禮，雖詔於天子，無北面，所以尊師也。」至於傳統門第每每在廳堂香案上供奉著「天地君親師」牌位，凡此也都和荀子尊師之意共一基調，此蓋因爲教育的功能本在陶鑄人格和傳導學術文化，它對於人類知性、德性的流佈有拓深與延展的貢獻，其業甚切其功甚著，所以教育從業人員的身分地位乃相對得以水漲船高。

三、教育是道德的事業

從儒家「夫仁者己欲立而立人，己欲達而達人」（《論語・雍也》）和「君子博學而日三省乎己」（《荀子・勸學》）的觀點看，傳統之視教育事業乃不外是一種對天地人我負責盡責的德業，換句話說，教育誠然是一種道德的事業。傳統之所以如是的認爲，固然有它重視德性人格之養成的特殊文化背，但它更重要的意思是：教育本身的進行必須是眞誠實意的，它不但要能充分地對得起自己，同時也必須百分之百地對得起別人。基於此番道理，所以儘管現代的教育已然將重心轉移在知識的傳授上，學習的軸心也逐漸從教師調整到學生身上，但是如果在施與受的過程中，大家還是必須全力以赴並求問心無愧的話，那麼教育之永遠不失爲道德的事業，此亦毋庸置疑者。畢竟以道德的遵守爲教育或教學實施時的應有前提，依然是不能被反對的。㉜

對這種教育即德業的描述，傳統的經典中有很多鞭辟入裏的形容，例如《易經・離卦・彖傳》就說：「日月麗乎天，百穀草木麗乎土，重明以麗乎正，乃化成天下。」它的意思是：教育文化事業是體貼天地之德、發揚理性之光，並以之普現人文之美的道德事業。根據這種詮釋，則所謂師道其實就是大人之道，而教師的典範亦當如該卦〈象傳〉所謂：「大人以繼明照於四方。」如果用現代的話來說，所謂理想的教師，指的就是能夠眞誠面對天地宇宙而多方承繼人類的精神遺產，讓理性之光能麗耀寰宇，並有教無類且無時或歇地去啓迪群倫的人。這麼一來，顯然可見教師一職其實神聖而難爲的，蓋無論是教或學，對一位有理想性的教育工作者而言，都將是日新又新、純亦不已的歷程，此若非有如曾子所謂：「士不可以不弘毅，任重而道遠。仁以爲己任，不亦重乎！死而後已，不亦遠乎！」（《論語‧泰伯》）的自覺和身體力行，並不足以當之。

惟只有「難能」才能被認爲是「可貴」者，古人之特重師道、之所以願意尊師隆禮，不也正是對教師的一種高水平的期待嗎？試看孔子之所以被奉爲萬世的師表，主要的原因之一，難道不是由於他能至誠無息地「學而不厭，誨人不倦」（《論語‧述而》）的緣故嗎？是故，當現代大多數的教育從業人員不斷唏噓慨歎師道中落、地位江河日下的同時，最應該先反求諸己，自覺到要以其「天行健，君子以自強不息」（《易經‧乾卦‧象傳》）和「地勢坤，君子以厚德載物」（《易經‧坤卦‧象傳》）的認眞態度，去自我充實、去共學適道、去依於仁而游於藝，這方將爲可能扭轉頹勢的拔本塞源之道。

四、永續成長是教師的本務

師道乃大人之道，師道乃至誠無息之道，師道乃難能可貴之道，凡此皆如以上各節所述，亦皆是由儒家思想所必然發明者，然而儒學「維天之命，於穆不已」（《詩經・周頌・維天之命》）的創造觀就當爲天下良師所體認，並以爲能陽剛天行、生生不息的超越依據。《論語・陽貨》：「子曰：『予欲無言。』子貢曰：『子如無言，則小子何述焉？』子曰：『天何言哉！？四時行焉，百物生焉，天何言哉！』」文中孔子是藉由四季輪替、萬物更生等自然現象的比擬，以開示子貢天德乾健的道理，孔子能做如是的教誨，乃證明在孔子的心中，已然存在著一生不容已、行不容已的超越意識，這個意識應當就是他「五十而知天命」（《論語・爲政》）的天命。也就是有了這個超越意識的鼓舞，所以讓孔子能一輩子的學而時習之，一輩子的與其進不與其退，一輩子的下學上達脩己安人，一輩子的以斯文爲己任、做時代的木鐸。

孔子所彰顯的超越意識，後來在《中庸》就發展成「其爲物不二，則其生物不測」（〈第二十六章〉）之形而上的創生實體，以做爲天地萬物的存在保證和價值意義之豐富源頭，《中庸》並稱此創造性實體、亦即天命或天道曰「誠」，如說：「誠者，天之道也。」（〈第二十章〉）又說：「誠者，物之終始，不誠無物。」（〈第二十五章〉）至於人之所以爲人，就在體認此天道就在我心，進而挺立我人清明在躬的眞實主體性，是故《中庸》主張：「思誠者，人之道也。」（〈第二十章〉）復曰：「自誠明謂之性，自明誠謂之教。誠則明矣，明則誠矣。」（〈第二十一章〉）當然體現天道、建立主體並不是一句空話，它的具體實踐就是要無止境地努力以成己成物、經綸天下，所以《中庸》說：「至誠無息。」（〈第二十六章〉）亦云：「唯天下至誠，爲能盡其性；能盡其性，則能盡人之性；能盡人之性，則能盡物之性；能盡物之性，則可以贊天地之化育；可以贊天地之化育，則可以與天地參矣。」（〈第二十一章〉）

顯然《中庸》的內容是一套體道證德的實踐哲學，這套實踐的哲學包含了形上學（metaphysics）、存有論（ontology）和哲學人類學（philosophical anthropology）的思考，而且和前面提到《易經》之〈乾〉、〈坤〉、〈離〉諸卦的義理，皆若合符節，筆者以爲教師之所以必須不斷地成長和進修，凡此義理正可以提供其亭當的哲學基礎，師道之重建亦必是教師能對此哲學的智及之仁亦能守之，始可畢成功於一役。

五、開放自由多元的進修管道

本文的最大企圖，正是要爲教師的永續成長、亦即教育德業的可大可久，確立一哲學的基礎，也許有人會以爲如此多此一舉未免迂闊而不切實際，其實不然，因爲「形式因」（formal cause）或是「超越原則」的確立，永遠是對存有的說明上最優先的事情。當然我們亦必須承認，相應於各任課教師本質學能的專業性需要，努力開放、提供多元的進修管道，也一樣是刻不容緩，換句話說，超越原則和內在原則是應該相輔相成的。[33]值得注意的是，無論是就教師個人的心態或教育主管單位所提供的環境而言，我們總覺得仍然有相當大的改進空間。

在目前中小學的校園中，對於教師的成長，常見的是以實利做誘因，如開設進修學分班，修訖則加薪、晉級、增俸，甚至授予學位，或者用獎賞來鼓勵，像定期出版《杏壇芬芳錄》和師鐸獎的遴選，並公開表揚、記功。這些都很重要，對教師士氣和敬業精神的提昇也都發揮積極的效果，但是它們畢竟都是策略或手段，而不是理想。策略手段可以收一時之效，卻也難免染上功利的色彩，產生人爲造作的蔽端，例如在有利可圖但僧多粥少的情況下，進修機會反而成了請託說項的目標；又如進修班往往異化爲加薪班，只要學分修完、薪水提高之後，爾後的再進修也就停止了；此外像「師鐸獎」也每每成爲教師爲了爭取出線當主任校長、主任校長爲了爭取調任明星學校的覬覦對象，於是有心人會以成長進修爲工具，惟一的目標卻是封官進爵，然而當大家正無所不用其極地去搶佔它時，師鐸獎卻已然成了名實不符的「師奪獎」，而這些人在目的達到之後，通常又開始和「師惰獎」常相左右了，老子說：「正復爲奇，善復爲夭」（《道德經・第五八章》），其此之謂乎！

我們承認從教育行政的實務性要求來看，徒然只是高明的理論終究不免蹈虛掛空；但是我們更要嚴肅地提醒，若只一味仰賴策略而不在根本上興發其應有的自覺與理想的話，所有的良法美意亦終將難逃庸俗化的惡運，善哉孟子之言曰：「徒善不足以爲政，徒法不能以自行。」（〈離婁上〉）今筆者之刻意提出具理想意義的哲學理論以爲教師成長的必然性基礎，亦是拔本塞源之計。

筆者從來沒有否定策略、取消手段的意思，而是要爲策略手段立根基，要貞定策略手段讓它調適上遂，則豈爲迂闊？豈爲不切實際？更何況在現行所規定的中小學進修辦法中，不但存在著「專業即專一」的封閉思想，甚至還充斥著「學科即學門」之狹隘的知識觀，此乃不啻悖離了全人教育的本義以及科際整合（integration of interdisciplinary studies）的全向度求知精神，同時阻礙了教師擴展專業領域的選擇，凡此皆已實質妨害到教師進修的權益（筆者即是此惡法下之受害者之一），而亟待商榷。至於在進修辦法的具體設計上，因爲幾十年來相沿成襲之宰制性倫理觀的作祟，以致過度偏厚教育行政人員而充滿了官僚主義的心態，並衍生諸多不合理、不公平的現象，它們之迫切需要經由理想、理性的伸張，以反省批判而導正其僻執，自然更不在話下了，若然者，區區之意又孰可忽乎哉！

肆、教學是性情的共振與感動

一、教學中的感動原則

有人說教室如果能夠像電影院最好，它有聲光之美又好戲連場，這樣就可以讓學生願意長期的駐足與投入，充分達到寓教於樂的目的；也有人說成功的教學應該像是一場引人入勝的遊戲，因爲惟有在充足的興趣和亢奮的動機下，學習的效果才能完全的實現。

顯然以上兩種的比喻都是特別著重在普通教學法中的「興趣原則」而模擬出來的想像，惟誠如某些學者所告誡的：興趣並不等於娛樂，我們固然要重視學生的興趣，但也不能流於放縱學生或阿諛學生，否則就會造成「糖衣教育」或「軟弱教育」的弊端，使教育喪失了它的嚴肅意義。㉞筆者亦認爲電影院或遊戲場式的熱鬧都只能是教學活動的激情演出而已，它有一時之便利但不可以爲典要，若把心智和性靈的有效活動完全寄託在感官的興奮上，那就變成「麻辣崇拜」了。

利用特殊的麻辣手段來振奮陳年老套所積澱的死氣沉沉，這的確能收急時之效而有其意想不到的結果，不過刺激太過度或是同樣的刺激太過於頻繁的話，就難免造成人的感官遲鈍、反應疲乏了。大家都知道麻辣佳餚雖然能夠讓我們食指大動，卻不得餐餐都來，蓋若不知節制而執迷不返，最後勢必直接影響到嗅覺和腸胃的正常，間接也造成身體上其他的傷害，所以老子說：「五色令人目盲，五音令人耳聾，五味令人口爽，馳騁田獵令人心發狂。」（《道德經・第十二章》）其實教學的情況也是如此。刻板而保守的教室管理與教材設計當然惹人厭嫌，枯躁的單向溝通也容易催人入夢，此際就應及時改變，藉助活潑的情境設計以興發多元互動的參與，於是教室如劇院、教學如遊戲的策略都可以被帶入，問題是策略不可能是惟一的，而且一成不變的策略往往會慢慢變成不好的策略。

一般教育學者所提出的教學原則中，除了興趣原則之外，還有準備、類化、自動、個別適應、社會化、熟練、同時學習等好幾項，如果光只是照顧到某種原其實是不周延的，一味用強度的刺激來凸顯某一原則也未必是妥當的，但筆者願意再進一步指出，即使完全具足了上面所列舉的各種原則也不一定是沒有瑕疵的，因爲這裏面還是少了一項重要的因素，那就是人與人之間相知相與的可能。筆者認爲一個成功的教學一定不能缺少這種人際的良性互動，所以特別再提出「感動原則」（或曰「共鳴原則」）以做補充，同時筆者還要強調，感動不當只是教學上的一種策略而已，它應該是一個成功教學的最重要特徵和目的。

二、教學是以心傳心、心心相印的歷程

台灣幾十年來的教育論述都是以西方為標準的，所以包括教育學者以及教育行政官僚和師範體系中的組織人員等，在他們的思考中，不管教育或教學主要還是指知識的傳播和學習，即使是側重人格養成的情意教學，也依然離開不了知性掛帥的意識型態。總之，儘管他們承認「教育是透過學習的活動而產生的行為改變」，「教育是在幫助人類適應生活、實現自我、和培養社會意識」，但無論如何知識的傳授與學習還是永遠被認為最優先的，就因為如此，所以感動原則向來不會被他們所留意，現在我們之所以提出感動原則，在一定意義上就是在對「知性決定論」的教育或教學主張做後設的反省。

立足在文化的本位，我們認為教育的本質意義就是「以心傳心，心心相印」，而教學就是在示範、實踐這種歷程。更具體的說，教育或教學即是：以一個人生命成長的經驗去帶動另一個人的經驗；是用全幅人性的發現去開拓再一次的人性自覺。總之，它是在成人成己的歷程中，展現人際人倫的交光遍映，所以教學的流程猶如音樂的交響協奏，指揮者就是老師，

他必須了然樂章的節奏和意義，然後以他的詮釋爲經營的依據，帶動每一位的演出者都能各安其位、各適其性、各盡其長，並互補兩行、共振共鳴地齊聲歌讚歷史文明的光榮。這種觀念下的教學，包含著眞情至意的交融感動，以及意義理想的傳承啓迪，何謂經師人師、何謂身教言教至此已然是一體渾化，既不用、也不能再去區分了。

將「以心傳心，心心相印」當做教育的本懷和教學的目的，這是儒家思想所啓發的。儒家從孔子的教育事業開始，就繼志述事地延續著心同理同的學術傳統，到了宋朝的陸象山乃總結其義地說：「宇宙便是吾心，吾心即是宇宙。東海有聖人出焉，此心同也，此理同也；西海有聖人出焉，此心同也，此理同也；南海、北海有聖人出焉，此心同也，此理同也；千百世之上至千百世之下，有聖人出焉，此心此理亦莫不同也。」（《陸九淵集・卷卅六年譜・十三歲》）又說：「是理充塞宇宙。天地順此而動，故日月不過而四時不忒；聖人順此而動，故刑罰清而民服。」（仝上）依據此義，則心的全幅內容即是理，且人同此心、心同此理，任何人皆可據之以通向宇宙的絕對眞實而自得自足、昂首天際。

如前所述，素來的台灣教育學界幾乎都是向西方取經而人云亦云，這幾年有所謂「同理心」的傳播與流行亦不外乎此，有人爲了清楚說明這個概念的內容和外延，還常常拿它和「同情心」做比較。事實上「同理心」和「同情心」之所以要區分，是在西方「理性與感性二分」

或是「知情意三分」的文化背景下所產生的思考，這種分解性的方式和東方人之側重一體性或整體性的態度有著明顯的不同。若從儒家的心學傳統看，心是先驗的眞實而爲生命的大本，在存有上說它是性理，在活動上說它是眞情，它之有此諸義是緣於言說重點的不同，究其實心、理、性、情其揆一也，因此「同理心」對儒家而言根本是贅語，拿它和「同情心」做對比也是莫須有的駢言枝詞。

三、平等性教學與選擇性教學

過去好長的一段時間，台灣的國中教育幾乎被聯考的迷思所制約，而集體表現出升學掛帥的教學導向。各地的國民中學莫不以創造破記錄的升學率爲目標，俾贏得社區和家長的青睞，並用此肯定辦學的績效，爲了達成這個無可取代的任務，於是就不能免俗地實施能力分班、菁英教學，對學生的篩選標準則建立在國文、英語、數學、自然（包括生物、物理、化學和地球科學）等四科的學習成就上，因爲它們正好也是決定聯考勝負的關鍵。像上述這種完全以升學效益爲單一考量的治校理念和教學策略，顯然是擺脫不了功利的誘惑而窄化了教育的意義，可怕的是當大家相約成習、久假而不歸之後，竟然再惡化成有所教、所不教之充滿差別待遇的選擇性教學，大大扭曲了教育的本質，悖離了教育的理想。

人性的高貴原本就是因爲它能發明（invention）或發現（discovery）天下人間的眞善美聖，並豁然大公地與群倫百姓一起分享，以促進知識的發達和文明的進步，可見教學的自私是反人性、不人道的，爲理上所不容，何況在當今民主開放的時代裏，人民受教權的平等有法律的直接保障，這種自私已然侵犯到學生的權益，此不無觸法之嫌而非只是道德問題而已。

選擇性的教學僅僅照顧到少數人的成長機會，若等而次之的變態或病態者，更只是純爲既得利益的團體或階層著想而已，對人性及教育的異化（alienation）莫此爲甚，所以儘管他們還振振有詞地拿菁英主義（elitism）做藉口，但是當面對著主張全民皆是、全民皆可的平等主義（egalitarianism）時，終究不能自圓其說；它勢必要在多元化、人性化的新教育浪潮下，徹底被瓦解。全民主義下的教育思考是：每一個人都具有與生具來的天賦而不能被忽視，每一個人也都享有受教育的機會而不能被放棄。換句話說，全民主義的教育觀是以孔子在《論語・衛靈公》說的「有教無類」做爲施教者的無上律令，而孔子所自許之「誨人不倦」（《論語・述而》）的精神，亦當爲全民主義者所肯定。

其實孔子的教育主張雖然與全民主義的宗旨若合符節，但是不必和全民主義同樣的理論基礎或歷史傳統。孔子的「有教無類」和「誨人不倦」是建立在他心同理同的哲學人類學（philosophical anthropology）上的。就因爲他之肯定每一個人都是自足地通合於宇宙的眞實而如如平等，所以不認爲有天地之棄材的存在，於是每一次的教學都成了鍾靈毓秀間的美好互動，讓他有學不厭、教不倦的法喜充滿，也讓他相信師弟之間自有慧命相續者在，而不必再去掛意「老之將至」（〈述而〉）的壓力。像這種洋溢著生香活意的教學經驗，就是感動原則的充分發揮與印證，它惟有來自無差別的教育良心，而絕非信仰選擇性教學的人所能感同身受的。

四、在有教無類下因材施教

選擇性教學的信仰者通常會拿菁英主義做擋箭牌，在教學原理上也容易找出「因材施教」的學說來支持他們的立場，例如民國八十一年當教育部雷厲推行常態編班時，反對者就是用這些理由來替自己辯護，而兩造之間的往來詰問，也讓許多人陷入兩難的長考，筆者當時亦曾經發表過〈有教無類與因材施教〉一文參與討論，㊱基本上我的意見到現在並沒有改變，但是論證會更周延、更充分。

在西方思想史上，菁英主義和全民主義本來就是不相容的，其所衍生之平等性與差別性的對立當然在意料之中，因此上述之兩難的情境從西方教育的立場看的確是個麻煩，因爲有教無類或因材施教無論在學理或經驗上兩者都對，但我們只能選擇其中之一個，並且同時排斥另外的一個。不過，如果回到儒家心學的傳統來思索的話，大家很容易就會發現其實這根本是由於認識不清或有人故意混淆語意概念才製造出來的困擾，換句話說，它其實只是個假問題。因為儒者認為所謂因材施教並不是在教育或教學對象上生起分別心、形成不公平的待遇，而是要在教材與教法上去適應個別差異的不同，至於有教無類與因材施教之間也不會矛盾衝突，理由就在這兩者本是上下的隸屬關係（relation of sub-ordination）而不是併列的平行關係（relation of con-ordination）。

儒家將有教無類和因材施教視為隸屬關係，就是主張「惟有在有教無類的前提下才能夠因材施教」。換句話說，有教無類是道，因材施教是術。有教無類除了面對學生永遠是「自行束脩以上，吾未嘗無誨焉」（〈述而〉）的平等對待外，也包括「吾無隱乎爾！吾無行而不與二三子者，是丘也」（〈述而〉）的豁達開放和「與其進也，不與其退也。唯何甚！人絜己以進，與其絜也，不保其往也」（〈述而〉）的寬容鼓勵。

孔子對有教無類的示範此迨無疑議，而孔子雖然沒有直接說過因材施教，但是從《論語》中不同的弟子向他問仁如何去實踐、問志向如何去發揮時，他都根據不同的問題情境和不同的人格特質，給予當事者恰如其分的回應，我們可以肯定他在教材教法上的確是遵守這個原則的。然孔子之「求也退，故進之；由也兼人，故退之」（《論語・先進》）其所以能夠免於選擇性教學之窠臼，正是因爲先有一個有教無類的大願做基礎，而有了因材施教的自覺，也讓教學更實在、更有人性化，可見有教無類和因材施教這兩者之間疑似的緊張狀態在孔子所開啓的心學傳統中乃完全被化解、也被善解。

儒家之能以隸屬的結構保住有教無類和因材施教的相容性和必要性，不只是理論的安頓，同時也提供我們眞正感動人的教學的條件。試想一個學習者當他深切感受到在老師的心目中他永遠是光明與希望、永遠是尊榮與高貴時，他能不躍躍欲試而見賢思齊焉嗎？當老師能配合他的能力和需要循循善誘時，他能不享受成功的滿足並自動自發地想再求進步嗎？反過來講，一個少了有教無類而只承認因材施教的教學，既然有差別心的橫梗它還會令人動容嗎？一個不去適應個別差異，只求一道同風、萬流歸宗的上課方式，又能夠激起多少的學習意願呢？總之，儒家可以超越菁英主義和平等主義之對立，它能執兩用中地成爲教育思想之大宗，誠信然矣。

五、教學是教師專業自主的保障

教師的天職就是要教學、要締造高品質的教學成果，惟成功的教學同時也是教師專業自主的保障。爾來教師專業自主的口號高唱雲霄，從解放的意義說，這是教師長期以來被教育行政官僚不當干預下，所做的反撲和吶喊，從建構的層面看，則是新時代的教師，勇於擔當和負責的象徵。

但是這原本充滿後現代之美意的教師自覺運動，卻因爲直接對校園中行之有年的領導機制帶來顚覆性的威脅，而備受干擾與反對。尤其是素來習於威權和管制的領導官僚，一者感受到決定權的被分散式微，二者覺得優越地位的逐漸旁落，於是不免舉證諸多的事實，如組織參與能力的不足、公事執行效率的低落、校務發展的漠視等等，來質疑教師專業的能力和自主的可能，藉此希望達到繼續鞏固既得勢力的目的。

筆者堅決認爲，惡意反對者的種種指控根本都是倒果爲因、不能苟同的。因爲教師能力之所以一時不足，乃是長期以來參與的機會被把持壟斷所造成的，效率的乍見低落是過久的被忽視導致運作程序的陌生才發生的，普遍的冷漠則是向來就不被尊重的緣故，而這些不利的因素正好必須經由教師專業自主的蓬勃發展去逐一克服才對。筆者更認爲目前校園中緊張對立的癥結，不應歸咎於教師們的要求專業自主，而必須檢討惡意的反對者那種「綿羊永遠應該是綿羊，獅子永遠要當獅子」的霸權心態。

校園中的領導官僚，他們都忘記他們的眞正身分其實還是老師，所以才那麼堅持地要和老師們畫清界限、分庭抗禮，然而使得他們模糊或遺忘自己角色的原凶，就是不當之教育行政制度下的權力賦予和工作分配，讓他們在校園中只要辦公而不必完全投入教學、甚至根本就不必教學。可是世界上豈有放棄教學之天職的老師嗎？他們在意識或下意識中已經不以當老師爲榮，爲什麼還要享受教師相同的待遇呢？

我們向所有的教師們呼籲，能夠保障工作權的自主和專業權的尊嚴，就是教學。教學時固然要留意個別差異，但有教無類永遠是第一原理；能夠在平等對待、寬容鼓勵下，適才適性、因材施教才能讓教學充滿感動和意義。至於學習對象原本就有年齡層的不同，所以任何階段的教學都有它特殊的複雜性而非專業人員所能取代者，值是之故，各級教師都有其高度的專業性乃是毋庸置疑的，大家亦當珍惜並引以爲傲才對。

我們也要向執意反對教師自主的人士鄭重提醒，請他們要儘快恢復記憶，回歸原本的教師角色，主動地認眞投入教學，從教學中來肯定自我，並且和教師們一起思索如何進行新校園的改造，讓校園中到處洋溢著感動，而不要老是從權位和功利看天下，庸俗地以爲教師的要求專業自主是校園中的奪權鬥爭。

【附　註】

註① 《易經・繫辭上傳・第十二章》說：「形而上者謂之道，形而下者謂之器。」據此則道與器乃現一超越的區分。又〈第四章〉云：「神無方而易無體。」〈第十一章〉則曰：「見乃謂之象，形乃謂之器。」兩者之間亦以超越之區分來對比。

註② 按《中庸・第二十九章》稱「王天下有三重焉。」此三大重點是：考諸三王而不謬、質諸鬼神而不疑、百世以俟聖人而不惑。筆者以爲此亦儒家對常道所立之標準

註③ 參見陳德和〈先秦儒家哲學的基本精神〉，原刊載於《鵝湖月刊》第 219 期，1993/9，今收錄在陳和《生活世界的哲思》頁一五三，台北樂學，2001

註④ 參見牟宗三〈人文主義的基本精神〉：《道德的理想主義》，台北學生，1978。唐君毅〈理想的人文世界〉：《人文精神之重建》，台北學生，1974

註⑤ 此義爲梁漱溟先生所肯定者，筆者從之。參見梁漱溟《中國文化要義》之〈第四章〉及〈第八章〉，台北里仁，1982 翻版

註⑥ 「超穩定結構」是大陸學者金觀濤對中國傳統社會之守舊僵固所做的形容，他並把它的形成原因完全歸諸在儒家身上，如曰：「超穩定結構的主要特點，是一個社會的意識型態結構和政治結構的一體化。中國封建社會是靠具有儒家文化信仰的知識份子來組成龐大的官僚機器，對社會實現管理，完成經濟政治和文化各因素的整合。」金觀濤、劉青峰《新十日談》頁八，台北風雲時代，1989

註⑦ 參見牟宗三〈儒家學術的發展及其使命〉和〈從儒家的當前使命說中國文化的現代意義〉，前文收

錄在《道德的理想主義》，後者爲牟宗三《政道與治道》（台北學生，1980）新版的〈自序〉

註⑧ 「當代新儒家」的泰斗牟宗三先生，他一生學問的最大用心及其精采，可以說就盡粹於此，其中比較集中的意思可見於林清臣先生爲他整理出版的《中西哲學之會通十四講》（台北學生，1990）。再者，牟先生較爲晚年、但比起《中西哲學之會通十四講》更早出版的《圓善論》（台北學生，1985），最前面有一篇長達十六頁的〈序言〉，文內亦充分表露這種洞見和偉願，該書〈第六章：圓教與圓善〉並對此洞見和偉願在義理內容上做了翔實地闡釋。

註⑨ 「後現代」（post-modern）單從字面來看，首先一定會被認爲是「現階段或現時間之過後」，不過它更重要的意思應該是「對現代所己呈現之性徵做後設性的反省」。以現今所呈現的情況而言，「後現代」的領域及其意圖誠然充滿著「非一致性」而顯得撲朔迷離，甚至任何之想對「後現代」做統一的了解，它本身就明顯違背了「後現代」的精神，因爲「後現代」的表現乃是非建構的，並且充斥著顛覆和叛逆。由此看來，與其試圖定義「『後現代』是什麼？」，倒不如去認識「『後現代』不是什麼？」反而較爲容易。國內對於「後現代」的報導，到目前爲止還是以羅青的《什麼是後現代主義》（台北學生，1989）最値得參考。又沈清松先生曾說：「『後現代』是在現代社會裏面所興起的一個『文化的』後現代。……後現代並不是現代的結束，它事實上是現代的延續，甚至是其加深；然而在此延續歷程裏面也包含著某種斷裂。……它提出一些不一樣的看法，對於現代的本質、現代之所以爲現代的『現代性』（modernity），要提出批判、質疑和否定。」沈先生更進一步指出，「主體的哲學」、「表象的思想」和「理性化的歷程」等三者乃是「現代性」最主要的內容，「後現代」則發現了它的弊端或黑暗面而予以批評駁斥，並且試圖宣告它的死亡，所以沈先生說：「所謂的『批判』，是針對由『主體』的膨脹所擴張的權力，尤其是認爲當道的言說之所以可能是因爲預設了權力。其次，它的『質疑』是針對『表象』，而對表象的質疑在於它失去了原本的依據，轉變成爲一個擬象，作用只在吸引慾望本身的跳躍而已。最後它的『否定』是針對『理性』的統合作用，以及理性的邏輯，排除眞假對立，而走向尊重多元、雜然並陳的情形。」筆者所認識的「後現代」與沈先生上面陳述之意見大體雷同，尤其對於後現代精神之反本質主義、反中心主義、反一元主義、反霸權主義、反沙文主義更是心有戚戚焉。沈先生的意見和論述見沈清松〈從現代到後現代〉；《哲學雜誌》第四期，1993/4，關於表象的思想（thought of representation）或表象的形上學（metaphysics of representation）另見沈清松《解除世界魔咒》頁一九五~一九六，台北時報，1984

註⑩　老子《道德經・第十九章》說：「絕聖棄智，民利百倍；絕仁棄義，民復孝慈。」〈第四十章〉說：「反者道之動，弱者道之用。」〈第七十八章〉說：「受國之垢是謂社稷主，受國不祥是謂天下王。正言若反。」

註⑪ 關乎此義筆者在〈先秦儒家道德精英主義之義含與疏通〉一文中有清楚的簡別。文見《揭諦》（南華哲學學報）第二期，南華管理學院，1999

註⑫ 《易經・繫辭上傳・第四》曰：「知周乎萬物而道濟天下，故不過。」「通天地人曰儒」則見於揚雄《法言》的〈君子〉

註⑬ 方東美先生對我國傳統思想所凝聚出來的這種哲學的通慧有很好的說明和詮釋，並形容爲「廣大悉備之和諧」（All-Coprehensive Harmony）。參見方東美〈中國哲學之通性與特點〉；《方東美演講集》，台北黎明，1980

註⑭ 筆者以爲道家在歷史中所出現的不同型態約有六種區分，依序爲：薩蠻道家（傳統古道家）、黃老道家（政治道家）、人間道家（生活道家）、玄學道家（清談道家）、道教道家（宗教道家）和當代新道家。其中之人間道家即是以生活之智慧詮釋老子的人生思想者，所以又可稱它爲「生活道家」，而最能表現此一特色的是莊子學說。換句話說，人間道家即是以莊解老者。習慣上我們常將老莊並稱，蓋用它來概稱老子和莊子思想，惟筆者認爲老子的學說原具有多樣性，徇非單從莊子的觀點所能窮盡者，所以老莊一詞應定義爲「以莊釋老」才是恰當，凡本文所謂之老莊，亦皆以此爲準。

註⑮ 參見張起鈞《老子哲學》頁八七～九六，台北正中，1964

註⑯ 參見唐君毅《中國人文精神之發展》頁廿四～廿七，台北學生，1974

註⑰ 參見陳德和〈莊子寓言中的逍遙思想〉：《國立歷史博物館館刊》第十一卷第九期，2001/9

註⑱ 老子《道德經・第四十八章》曰：「爲學日益，爲道日損。損之又損，以至於無爲。無爲而無不爲。」

註⑲ 張載《正蒙・大心篇》曰：「見聞之知，乃物交而知，非德行之知：德性所知，不萌於見聞。」又杜維明先生亦曾將此「德性之知」稱之爲「體知」而與西方傳統之「認知」成一對比，參見杜維明《東亞價值與多元現代性》頁五十六～六十九，北京中國社會科學，2001

註⑳ 該文原載於 1999 年 9 月《鵝湖月刊》第 291 期，今已重做修補並以〈教育的常道與典範-創造性人文主義的觀點〉爲題，列爲本書〈第二章〉的第一篇。

註㉑ 弗蘭克爾的意義治療學說請見趙可式、沈錦惠譯《活出意義來》，北京三聯，1991，又傅偉動先生之〈弗蘭克爾與意義治療法〉亦有扼要的介紹，該文今收錄在傅偉動《批判的承與創造的發展》，台北東大，1986。其次，袁保新將老子思想理解爲「具存有學理趣的文化治療學」（ontological therapeutics of culture），並直接宣稱老子是「文明的守護者」，參見袁保新《老子哲學之詮釋與重建》頁一九二、二一一，台北文津，1991。復次，沈清松先生亦有類似的詮釋，他認爲老子的「反」是一種批判，老子的「反智」從當代哲學來看，正是對工具理性獨大表示強烈地不以爲然，註㉒　參見沈清松〈老子的人性論初探〉（台大哲學系編《中國人性論》，台北東大，1987）和〈老子的批判哲學〉（東吳大學哲學系《東哲學傳習錄》復刊第一期，1992）
《莊子・人間世》說：「氣也者，虛而待物者也，唯道集虛，虛者心齋也。」〈大宗師〉說：「墮肢體，黜聰明，離形去知，同於大通，此謂坐忘。」

註㉓　筆者之〈論莊子哲學的道心理境〉有較詳盡的探討和說明，該文見《鵝湖學誌》第二十四期，2000/6

註㉔　余英時所謂反智蓋指反理智和反理性而言，參見〈反智論與中國政治傳統〉；《歷史與思想》，台北聯經，1976

註㉕　牟宗三說：「科學一層論、理智一元論的態度，最大的害處就是抹殺意義與價值。蓋就整個人生說，科學一層論、理智一元論的態度，只知物，不知人。」見《道德的理想主義》頁二五五，台北學生，1978

註㉖　參見王邦雄《儒道之間》頁一二五～一二七，台北漢光，1985

註㉗　事實上余英時即以「超越的反智論」形容莊子思想的性格，但余先生以爲若老子者，因爲他一心只留意於政治，並且在政治上主張愚民政策，所以仍屬於反智論而已。筆者則以爲余先生如此拉大老子和莊子的距離顯然是受到他老師錢穆先生的影響，然此老莊分立的見解是否合乎思想史之事實乃不無疑慮，且道家中之黃老固可能如余先生所言者，但是生活道家或人間道家恐未必如是。余先生

之說見《歷史與思想》頁十～十四

註㉘ 陸九淵《陸九淵集・卷卅五・語錄下》（點校本，頁四五九），台北里仁翻印，1981

註㉙ 儒家之講道德乃是肯定道德理性的優先性、創造性與自主性，徇非將德目當成不可侵犯的禁忌，如果把道德當做禁忌並加以教條化、威權化和工具化，則是一種「意義的悖反」而成爲「泛道德主義者」，老子所欲反對者，其實就是這種已然變態和異化的儒學末流。

註㉚ 「隱課程」一名取自楊啓亮，惟筆者並不同意楊先生之意見而另做定義，且筆者對道家思想的理解亦不類於楊先生。楊先生之義參見楊啓亮《道家教育的現代詮釋》頁十六～二十，湖北教育，1996

註㉛ 學者中如馮友蘭、楊筠如等人乃極力證成此義，可參閱《古史辨》第六冊中相關之論文

註㉜ 筆者並非主張「教育即道德教育」或「教育應該爲道德服務」，而是說教育之做爲一種負責任的行爲應該要有道德的自覺做爲它的根據和規範。視教育爲道德教育或教育是爲了服務道德這無疑都是德性中心主義的立場，也有泛道德主義之嫌，故殊不足取，但若以爲吾人之強調「教育的行爲必須是合乎道德的」就和前者一樣，甚至反對教育和道德的關聯，更是「賤而好自專」的無知和粗暴。

註㉝ 超越原則在此指的是一具主導性的創造原理，內在原則則是相應於各各專業而求其飽滿充實的實現原理。

註㉞ 參閱方炳林《普通教學法》頁一二〇～一二一，台北三民，1969

註㉟ 參見田培林主編《教育學新論》之〈第一章〉和〈第二章〉，台北文景，1973。又所謂「教育是透過學習的活動而產生的行爲改變」或「教育是在幫助人類適應生活、實現自我和培養社會意識」等，其實都可以只是形式的、一般的這麼認爲，若基於這個層面而言，即使是孔子、孟子亦不能反對，因爲學習、模仿或效法永遠是啓迪人性、貞定人倫的重要法門，縱然主張人性本善者仍不能忽略它的必要性，所以孔子《論語》一開始會說「學而時習之」，孟子也一再提到「學問之道」。但是假如將這些話放在特殊的文化背景或論述氛圍做解讀，則詮釋出來的意義就未必然能夠讓大家獲得共識，譬如說從西方傳統之重理智的精神來看，我們就很容易就可以發現，它乃意味著蘇格拉底（Socrates,470-399? B.C.）所說之「知識即道德」的立場，此和孔子之「知及之而仁不能守之」以及孟子之主張「先立乎其大者」就有了明顯的不同。蓋孔子和孟子都同樣認爲，知識之影響於一個人的道德成造，乃是「水能載舟，亦能覆舟」的工具而沒有絕對成功的保證，一個人之所以能夠成聖成賢，最可靠的依據應該是自我之道德心靈的反省與自覺，而這種智慧或體證雖然依舊需要人性之被指點、被啓示、被喚醒，但卻不等同於認知性的理解，其對於行爲的改變所產生之決定性影響，也不是知識所能夠相提並論的。當然不可諱言地，儒家中亦自有從知識說道德者，如荀子即爲典型的代表。荀子全力主張要以開放、客觀、有條理的認知心靈，亦即虛壹而靜的大清明，清楚且不斷地去認識、累積各種外在的經驗知識和歷史積澱，俾以改造素樸生命之無禮義性，最後則在達成自我的美化與完滿。學者間每每稱呼荀子這種「以心治性」的立場是「倫理的主智主義」（ethical intellectualism），其眞正的主體蓋有如唐君毅先生所說之「統類心」（參見唐君毅《中國哲學原論・導論篇》頁一一二～一一六，香港人生，1966）或勞思光先生之「認知我」者（參見勞思光《中國哲學史・第一冊》頁二八三～二八六，香港中文大學，1979），乃迥然不同於孟子之爲「道德的理想主義」（moral idealism）而以「德性心」爲主體者。有關荀子之盛言知識與道德相聯結的學說主張，亦請參見筆者之〈荀子性惡論之意義及其價値〉，《鵝湖月刊》第231期，1994/9

註㊱ 該文並爲1992年11月《鵝湖月刊》第209期的〈社論〉，現收錄在陳德和《生活世界的哲思》頁四十七

第三章　臺灣教育的哲學省察

壹、論教育基本法的啓示

一、教育新時代的來臨

中華民國立法院在民國八十八年的六月四日，正式三讀通過了「教育基本法」，總統府並於同年六月廿三日頒佈實施。這項被寄予厚望而有教育憲法之稱的新法案，儘管在內容上難免存在著爭議，法條的周延性也不夠充足，甚至連起碼的文字斟酌亦欠精準，但是立法的方向則十分確定，權責的觀念及其配當設計也很清楚，對總結過去數十年來的教育體制和發展，更有著強烈的批導作用，因此隨著這項法令的誕生問世，無異是向國人宣示教育新時代的來臨。

在現代民主法治的國家，凡屬於人民的權利和義務都必須經由法律的明文認定並據之而獲得充分的保障，教育權之做為生命權的一種，其攸關人民福祉甚鉅，當然更不能被忽視，今天政府歷經多年的努力終能順利制定且頒佈了這項具劃時代意義的「教育基準法」，讓教育的定位定性以及各項工作的推展，從此有了強制的約制和客觀的軌道，這的確值得國人的喝采。惟從常理看，該法案的確立理當特別受到全國教育工作者的矚目才對，然而事實上似乎並不如此，尤其向來就給人單純安分、刻板守紀之印象的老師們，更是出奇的冷靜，只有民間教改團體所創設的實驗性學校，例如森林小學、全人教育學校、毛毛蟲學園等等，他們原本一直遊走法律邊緣而備受爭議，現在由於受惠於新法令的鬆綁和放寬，使得長久以來的妾身未明能夠立即合法化，所以顯得興奮和理直氣壯。

久安於體制和以對抗體制爲標榜的兩類人士，對於教育基本法的訂頒，在態度上恰好出現或冷或熱的不同差異，這很容易讓人連想爲保守與進步或改革與反改革之間的壁壘分明，其實這是天大的誤解，也是莫須有的分化，因爲高興者自有其高興的現實理由，至於淡漠者之所以會淡漠，並不一定表示無言的抗議或是在做消極的抵制。

二、體制外改革者的勝利

體制外的改革者他們自有不得不揚揚得意的根據。他們向來視自由天放爲人性之本然，同時也是無可取代的偉大價値，所以積極反對成規成套之由上而下的一元化教育目的和標準化的教學內容，更反對限制個人性向恣意揮洒的集體式管理，因此就祭出改革的大旗，毫不妥善、亦不留情面地向旣成體制宣戰。他們在主觀上強烈認爲現在的教育現象已經悖離理想而百病叢生，正亟切需要他們所提鍊的靈丹活水方得以求其起死回生。像這種激烈的立場和批評其是否周全和公允，本來就是見仁見智者，例如他們每每自稱是依止於「人本主義」，殊不知究其實只是狹隘庸俗的「自由主義」或「自然主義」，①此之距離以開顯天地人我全幅之意義的創造性人文主義，不知其幾千里矣，而他們之動輒以己之所是否決人之所非，雖強度渲染和化約亦在所不惜，這也不夠厚道，甚至早就悖離他們向來所自豪之反中心主義的多元立場，而形成自相矛盾。②

但是不可諱言地，改革者他們之敢於顚覆威權而不願和僵固異化的教條主義妥協，亦自有其復見天地之心的雅意而値得肯定，所以在新頒訂的「教育基本法」中，他們所堅持的意見，在形式上幾乎都能得到立法機關和教育部的善意回應。最具體而明顯的例子是，這部教育憲法乃本著多元化的理想而將教育權釋放給地方或民間，所以除了〈第一條〉是說明立法的動機和依據外，具有實質之精神內涵的〈第二條〉就開宗明義的規定：「人民爲教育權之主體。」然後在〈第七條〉又主張：「人民有依教育目的興學之自由；政府對於私人及民間團體興辦教育事業，應依法令提供必要之協助及經費補助，並依法進行財務監督。其著有貢獻者，應予獎勵。」同時〈第十三條〉復說：「政府及民間得視需要進行教育實驗，並應加強教育研究及評鑑工作，以提升教育品質，促進教育發展。」據此，人民在教育、教學和教材選擇上的自主性，乃充分予以肯定，這不但從此承認了諸多實驗學校的法律地位和存在，也等於間接肯定這些民間教改人士勇於創新、敢於突破的努力，凡此莫不讓他們感到既受惠又勝利，甚至直接認定「教育基本法」就是爲他們量身訂做或是被他們所催生的，這當然會令之雀躍不已。

三、以平常心看待教育憲法

「教育基本法」的訂頒給予民間教改人士極大的鼓舞，也印證了改革需要反叛之力量的事實，由此不免讓人感覺守舊者其顢頇無能之可議，然而此亦不必盡然。平情而論，相對於體制外改革者的激進和強悍，那些久安於體制內之循規蹈矩的老師們，乃由於素來常被寄以經師人師、身教言教的期待，所以普遍上導致他們個性的內斂含蓄，而以往那些每當新教育主管初上任，就會如期上演之周期性的教育創構、教育新猷等秀場，也早已讓他們因爲慣看春風秋月而容易養就一番八荒吹不動的老神在在。現在新教育法又出現，它一者沒有給予他們像體制外改革者所獲得的那樣直接性鼓勵或滿足，再者該法所揭櫫的教育理念，例如〈第二條〉所顯示的：「教育之目的以培養人民健全人格、民主素養、法治觀念、人文涵養、強健體魄及思考、判斷與創造力，並促進其對基本人權之尊重、生態環境之保護及對不同國家、族群、性別、宗教、文化之了解關懷，使其成爲具有國家意識與國際視野之現代化國民。」在他們看來其實並不是什麼了不起的創舉，大家既然都不陌生，平時也都這麼在做，所以就不覺得有太大的新奇，其反應的平靜，亦良有以也。

除了以上的原因之外，像該法〈第三條〉說：「教育之實施，應本有教無類、因材施教之原則，以人文精神及科學方法，尊重人性價值，致力開發個人潛能，培養群性，協助個人追求自我實現。」其實這本來就是體制內老師們從師範養成教育起，就一再被耳提面命的金科玉律，並且已然成爲爾後工作上的基本認知或道德，因此新法的內容對他們來說也許眞的是了無新意而興致缺缺了。

不過，對於體制內向來所實際呈現的教學成就，我們如果以求全責備的態度去反省它時，一定會感到諸多不如人意之處，譬如唯知識主義、考試成績掛帥、選擇性教學、資源分配不平均等等現象，都是國人所常詬病的。面對諸如此類的指摘，體制內的老師們亦不得不承認自己總不免有扭曲理念或與眞實之教育理想背道而馳者，只是他們會委屈地訴苦，這些扭曲或背反頗多是根源於客觀環境的壓力以及不當的行政干預所致，所以即使在主觀上並不以爲然，但終究要身不由己地默默承當，畢竟置身於體制之內以求糊口溫飽，就無法像改革者那樣，充分擁抱「合則來，不合則去」的瀟洒。然而也正是有了諸多如是之不愉快遭遇和委屈，所以新法雖然制訂頒佈，但是在尙未看到它的美意和成效具體開展之前，他們未必表示樂觀，因此難免依樣習慣於向來的默默耕耘而淡以視之了。

根據以上的觀察和分析，我們認爲體制內絕大部分的老師們大體是安分而務實的。他們到現在之仍然以爾爲爾、我爲我的心態來面對新教育法，較少被發現太大的配合動作，這誠然不夠積極；他們亦有很多人因爲調整的步伐太慢而顯得適應上的不良，這更應該提出檢討；然而凡此乃長期經驗的積澱以及人所不免的行爲慣性使然，與觀念或意識型態的保不保守未必相關，如果一竿子打翻一條船地硬要誣蔑他們全部屬於無視於改革或反對改革的一群，這無疑是一種抹黑和栽贓，也絕對是最不能被容忍的反教育行爲。

四、教育生態的革命

「教育基本法」所訂下的教育規範顯然是不同於過去的思考取向和屬性定位，而且它又是具有強制性的正式法律，所以體制內的老師終究不能不認眞去面對，更不可以漠視它在教育觀念和教學生態上即將帶來的改變，反而當該主動地去因應並做出必要的調整。其中最重要的，是大家首先必須要了解，新時代的教育它已然不再像過去那樣是一種以道德爲爲唯一權衡的工作了。

韓愈在〈師道〉中曾經說過：「師者，所以傳道授業解惑也。」這句話以往幾乎是所有老師們的座右銘。蓋傳統之以德業良心自許的老師們向來無不認爲，從事教育事業唯一重要的是要憑良心做事，假若眞能「無隱乎爾」並「學而不厭，誨人不倦」的話，③就對得起國家社會，對得起學生和家長。他們長期在這種氛圍下工作，當然很容易養成道德掛帥的情結，反映在人格特質上，亦不免會習慣地表現出正氣凜然，並隨之常以倫理的捍衛者及禮法的代言人自居而「好爲人師」。但是從今以後，老師們必須體認從自己之道德觀點所形成的意見或行動，已然不是惟一可靠者，而且有些從道德觀點來看不盡然是完美無瑕但在法律上卻有憑據的相關事宜，他並不能置之不理，換句話說「師嚴道尊」的老觀念已經不再適用而必須要自覺地將它轉化，大家必須記住：萬一當個人道德良心的裁定如果和法律的內容相牴觸時，法律的優先性還是不能被挑戰的。

其次，該法指明學生爲教育權之主體，至於國家、教育機溝、教師和父母則都是教育主體之法定的協助者而已，〈第八條〉更規定：「國民教育階段內，家長負有輔導子女之責任；並得爲其子女之最佳福祉，依法律選擇受教育之方式、場所、內容及參與學校教育事務之權利。」顯然可見新法的精神，是要對行之有年之以教師爲中心的教學活動做出解構性的調整，而改弦易轍地變爲以學生爲中心，於是從前老師們若能嫻熟惟一一套上級指定的教科書就可以通行無礙的時代，現在宣告結束，即將邁入的則是多元並存的新環境，因爲不同的地區、不同的才性、不同的背景的學生都有權利主張或選擇適合自己的不同教材，同時老師們在教法的選擇應用、教室的管理實施甚至成績的考核方式上，一向所擁有的主導性地位也跟著瓦解而主客對轉，這種種的改變眞的不是過去只要能夠守成就可以穩如泰山的狷者行徑所能應付，而迫切需要老師們自我的心理建設。

當然「教育基本法」中對於老師的專業自主權也有明文的保障，這項保障使得不兼任教育行政主管而相對處於弱勢的專任教師們，得以從過去那種被隸屬型校園倫理所宰制的小媳婦命運解脫出來，換句話說，以前在不合理的行政霸權下，專任老師們之惟有「知其不可奈何而安之若命」地隱忍到底，現在則已經有了法律根據可以尋求平衡，並且在遭受行政權的不當壓制之後也有了救濟的管道以獲得平反，這無疑是保護專業自主的一大進步。

然而專業自主權亦不是漫無涯際的尙方寶劍可以讓老師們一意孤行，因爲在相關的〈第十五條〉中它清楚地做了如是的規定：「教師專業自主權及學生學習權遭受學校或主管教育行政機關不當或違法之侵害時，政府應依法令提供當事人或其法定代理人有效及公平救濟之管道。」由此可見所謂的保障僅僅是針對來自不當之行政權的侵害而設計罷了，如果是善意的督導和合法的介入仍然是被允許的，況且從該條文的意思來看，這個過去因爲具有高度專業性和權威性而讓家長不敢置喙的權利，現在再也不是那麼崇高神聖，新法乃是視它和學生之學習權平行共存者，這就等於開啓家長參與整個學習活動的大門，可見今後的老師不但不能再以專業自主爲口實而在工作上我行我素，反而進一步需要學會如何放下專家的身段，時時面對形形色色的家長善做溝通，俾統合所有的意見使之成爲自我之助力，以有效回應望子成龍、望女成鳳之家長們的各種不同要求，坦白說，這是比他的專業學習還要困難幾倍的，但是新法既然有了新的要求，教師們之必須勤修這項新功課，此乃無所逃於天地之間矣。

五、創造教育理想的高峰

這是一個多元、開放的時代，也是一個民主法治的時代，「教育基本法」正體現了時代的精神，爲國人拉起新教育的簾幕。在這個嶄新的時代，教育事業當然還是良心事業，它仍舊期待老師們凡事必須反求諸己以求無愧於天地之間，但它更是法定的權利義務，強制規範著所有國民一切都要依法行事；教育生態仍然少不了老師們的重要存在，它依然需要老師們的專業投入與無怨無悔的付出，但是學習活動已經不再是以老師爲主軸，學生才是教育的主體和學習的中心，老師們因此必須配合學習者的不同需要，做主動的協助和彈性的調整；校園環境中學生、老師和行政人員的良好互動也繼續是大家的期待，然而家長會、志工團等組織已然不像從前那種顧問或客卿的角色，而可以積極介入校務的運作，至於每位家長基於愛護子女的立場向學校或班級所提供的意見，對教育行政人員和老師來說，也不再只是可大可小的參考，乃是有法有據的要求，因此對某些不合情宜的意見在主觀上我們也許難予苟同，但是在客觀上卻不能不認眞處理，畢竟這是諸子百家都可以大鳴大放的社會。

新的時代就要有新的思維和新的觀念去回應，在行動上更得積健爲雄、革故鼎新，以求其創造性的轉化。教育本來就是充滿理想性的工作，它肩負啓迪人性、開創人文和建立人道的神聖使命，同時也是國家進步的標竿和社會安定的磐石，今天教育新憲法既然給予教育工作者更寬廣的思維空間和專業自主的領域，大家就當責無旁貸地充分實現此空間、證成此領域。我們也相信，依憑著任重道遠、己立立人的師道傳統，立足在新法的基礎上，所有的教育工作人員必定能夠適時適理的超化揚昇，再一次創造事業理想的高峰才對。

貳、創構對等型的校園新倫理

一、教育是人性的導引和人道的建立

儘管終身學習和遠距教學在台灣社會已然受到肯定和重視，並且逐漸形成新的主流，原來素以推廣和服務爲主要訴求的社區學院在此新的思維下，未來也很有可能成爲制式教育中的一環，但是不可否認的，傳統模式中的學校教育永遠還是教育體系的核心而有它無可取代的重要性。就是因爲如此，所以目前朝野雙方的教育改革團體，都不約而同地把矛頭先指向校園中的人事地物；他們莫不期待，藉著學校教育的脫胎換骨，有效帶出教育改造的新契機。

任何改革運動的內容，都包括理想和實際兩種層面的思考：前者是新精神、新方向的確定，藉以提供行動改造的參考指標；後者則屬於新制度、新工具的嘗試，亦即從軟體硬體的籌設配合，企求達到「善其事，利其器」的績效。筆者向來主張：教育的本義是「人性的導

引，人道的建立，人文的開創」，④教育的本務是「釐清價值理序，貞定知識意義，塑造文化理想」；並寄望台灣未來的新教育，既要能夠徹底掙脫種種意識型態的禁錮，又當在包容與開放的自由中，多元化實現知情意的目的，讓至眞、至善和至美能如如地永留人間。基於此一信念，以及受到知識分子「國事家事天下事，事事關心」的責任驅使，所以曾經先後公開發表〈迎向人文化的教育新象〉、〈締造一番漂亮的教育改革〉等兩篇性質、內容均相近的短文，⑤以呼應近來這一波波的教育改革風潮。

基本上這兩篇文章都是從最宏觀的視野提出觀念性的見解，一點都不涉及實際層面的考量，此一方面固是筆者學思所限使然，惟亦不無孟子所謂「先立乎其大者，則其小者不能奪也」的雅意，畢竟期待人間世務的文明化和進步化，總該先得有個「理無礙」爲根據，然後接下去才可能有「事無礙」、「理事無礙」和「事事無礙」的具體成就。現在筆者即秉持著向來對台灣教育的眞誠關懷與一貫主張，務實地將檢討的範圍具體鎖定在一般的學校教育上，尤其特別以校園（側重在中、小學）舊倫理的瓦解和新倫理的再生爲反省的焦點，嘗試對權力導向、利益導向所形成之「官僚中心主義」和「行政威權化」的主奴心態做出批判，並相對提供一些兼具原則性和策略性的改革新建議，亦冀盼諸前輩先進暨方家碩彥能不吝指正。

二、宰制型校園倫理的異化與危機

中小學校園中有老師、有學生，更有以校長為首的專兼任行政人員，近來則因為法令的開放，以及基於學生受教權的直接關懷，家長（尤其是家長會代表和志工團）也開始主動進入校園，積極過問教學的得失和校務的運作。但是儘管家長或家長代表已經慢慢從協助者過渡為當事人，惟幾十年來所積澱的傳統心理一時並未完全高調適，所以相對於學校整體而言，他們到目前為止事實上大體尚維持在客卿的地位，換句話說，即使是在多元參與的今天，校園中的倫理結構主要還是由行政人員、教師和學生所組成。

就相沿成習的校園文化來說，行政人員（本文特指教師出任之校長和處室主任組長）、純負責教學的老師和受教的學生，這三種角色究竟是不平等的。他們已然構成逐次管轄的尊卑關係，因為這種積弊已久的關係它所服從的是「隸屬原則」（principle of sub-ordination），⑥所以我們又可以稱它為「隸屬關係」。不可諱言地，隸屬關係向來就幾乎是校園倫理中的常態，甚至等而次之，在某些特別的個案中，諸如此類尊卑隸屬的行為模式又被進一步地偏極化，變成了把持壟斷、驅策擺佈的宰制型倫理關係。

宰制型倫理關係無異是威權化的現象，它使得行政主管在校園中儼然如父如君，所以也衍生了相當令人詬病的現象，其中最嚴重的矛盾，莫過於教師專業自主權的旁落；具體地說，即是原該具有的全方位教學取向，往往會因爲行政主管的特殊考量或要求而被迫放棄，由上貫下的一條鞭式主導乃成爲教師之教學活動的重要參考軸線。這不但形成了較不實際負擔教學任務、和學生在班級生活中互動較少、對學生和種學習行爲也較陌生的校長或主任，竟然成了校園一切教學活動之最高裁斷者的弔詭現象，同時也直接弱化了教師本身的創造衝動，使得教學容易流於因循怠惰。

更令人難予苟同的是，由於現行的教育體制強調以行政管理爲導向，所以無論在待遇、福利、權益和資源分配上，都呈現倒金字塔型設計（越居上位的人數越少但所享有者卻相對地越多），像這種以權力和利益爲基礎所搭建出來的層級架構，總是讓居上位者覺得與衆不同而意氣風發，換句話說它在校園中勢必會相當程度地誘發校長、主任甚至是組長的優越感，使他們在意識或下意識中每每以校園的精英者自居，而忘記他們其實可能只是教師團體中的某類佼佼者之一，但不是若且惟若的高人一等，不過就由於這種出主入奴之心態的泛濫，難免常會把不該有的頤指氣使，合理化（rationalization）爲先知式之示範而視爲當然，讓校園倫理的惡質化更是雪上加霜、難以自拔。

在過去的年代裏，這種以權力分配爲圭臬，視學校爲政治角力場的延伸，用長官部屬的上下設計去模糊教師和教育行政人員之間的互動關係，其寖假以漸所形成的校園順民化現象，儘管已經嚴重斲傷了教育人權和教育本身的主體性，但是因爲它有道的錯置（the fallacy of misplaced Tao）所衍生之「天地君親師階次論」和「仕優於學論」做依靠，⑦以致被一般大衆認爲天經地義而深信不疑；更重要的是它同時能夠爲一元化的威權領導提供安定的保障，基於這種利於管理的工具性效應，乃使得校園中那些自命不凡的孤寡不穀者，益加樂意無所不用其極地神化、強化、深化它的必然性，結果在上令下行之下，當然也會有不少「皇上英明，臣該萬死」的忠貞之士願意奉它爲眞理而永矢弗諼。君不見：國民小學動輒召開的早會夕會，通常都是由上而下做一言堂的交代，但大多數老師們卻從來不去懷疑它的必要性嗎？君不見：在教師研習聚會之處，那怕是教育行政單位最基層的辦事員列席，也免不了會被老師們異口同聲地長官長、長官短地恭維不已嗎？君不見：象徵教師自覺的教師會組織及活動，不但在起初就破冰維艱，直到現在還不是慘澹經營嗎？諸如此類，皆具體反應威權倫理在校園中的根深柢固。

　　這種宰制型威權倫理的最大傷害，是讓「權威／服從」形成逐下遞承的枷鎖，意即：已經習慣於唯唯諾諾向上服從權威的人，同時也必然向下要求別人對他的完全服從。從心理學的角度看，這是那些不能反抗被宰制命運的人，爲了建立自我認同、尋求自己的平衡，乃自然而然地去找比他們更弱勢的對象來宰制。現在有部分學校的教師會出現荒腔走板的擴權情形，也有不少在職的教師抱著多年媳婦熬成婆的心態，利用教評會的職權設立各種門檻，對新來應聘的準教師們百般刁難，都是「被宰制者／宰制者」的明顯例子。另外還有一種最常發生的情況，那就是老師對學生的學習需要只做單向的思考，於是就學習者而言，每每學不到老師規定之外，他想學或能學的東西，運氣差一點甚至會碰到生財有術的老師，故意在課堂中留一手、在考題上擺一道，逼得學生每個月不得不按時孝敬補習費。教育工作原本是神聖的，宰制型的倫理卻如是地傷害了老師和學生相輔相成的互爲主體性（inter-subjectivity），誠令人唏歔不已。

三、對等型校園倫理的建立與期待

從邏輯的觀點看，隸屬關係不等同於宰制關係，隸屬關係也不必然會惡化成宰制關係，前者只是後者的必要條件而已（有之不必有，無之必無），而且事實上大部分的校園裏還是上下之間彼此尊重的，不過如果有人以爲情況既然不是想像中的嚴重，我們就毋庸杞人憂天了，這又未免過於樂觀。筆者素來相信，權力會使人腐化，就是一下子不腐化，也容易令人得意忘形、養成驕矜之氣，《韓非子・難勢》的警告是：「勢者，養虎狼之心而成暴亂之事者也。」所以如果不能對隸屬關係做檢討且繼續放任它的存在的話，那麼一往而不復，宰制心態的形成也就無法防堵了。總之，我們不能因為它沒有病狀就忘記它乃是病源而亟應克治，因此趁著現在各方都要求教育改革的最好時機，一舉將校園中行之有年的舊型倫理結構顛覆瓦解，並重新塑構一種完全以平行尊重為基礎之開放性的對等型倫理，乃是當務之急。

筆者所提出之「對等尊重」和西方自由平等主義的精神可以相通，因為它們都是服膺「對列原則」(principle of co-ordination)。⑧惟自由平等主義並不包含道德的自覺，在形式上也較為側重權利和義務的對當，與筆者向來提倡從人文理想、價值理序衡定教育主體性之見解尚隔一間。筆者認為一富人文理想與價值認同之「對等尊重原則」除了必須釐定權利義務之分際並以此為形式框架外，在本質上更要有利他的廣袤關懷和自我的深度反省，所以它和孔子「仁者己欲立而立人，己欲達而達人」的忠恕之道，以及《大學》所說：「所惡於上，毋以使下；所惡於下，毋以事上；所惡於前，毋以先後；所惡於後，毋以從前；所惡於右，毋以交於左；所惡於左，毋於交於右」的絜矩之道，更有關聯。是故，所謂對等型倫埋，亦即是在將心比心、以心帶心的前提下，基於分工原則而實踐或實現之權利義務的互動關係。

在對等型校園倫理的原則下，行政者、教學者和學習者都有他不可侵犯的權利而應受到保護和尊重，同時也有他責無旁貸的義務且該接受稽核和監督。具體地說，學習者有他多元化的學習選擇而不必拘囿於成規成套的既有模式，但必須虛心接納專業人員的建議和調教，也要共同參與團體公約的擬定和維護；教學者在學生都是「天生其材必有用」的認同下，應該針對個別差異，於教材教法上做複式的設計、成就評量上做多重的設定，以培育十方人才，開顯人性全方位的潛能，故本身的專業素養應不斷自我提昇以獲得絕對的信任，工作執行也應熱誠投入俾能得到充分的自主，至於教學績效則可交由多元組合的評比單位（如：班級家長會、校內之教學研究會和校外之教育諮詢委員會……等等的共同組合）來衡定，績優者當應得到足以鼓勵其恪守教職的榮譽和待遇；行政者在校園民意的充分支持和制衡下，享有其法定的行政權，對校內的人力分工和資源分配亦有一定程度的裁量權，但其成敗得失應受校園和社區民意的考核，行政人員亦得設任期制，以防止行政資源長期被獨佔壟斷，校長、主任並應在任期屆滿後定期回歸教學本位，以確保其本職學能的專精，同時也可以避免目前最為人所詬病之「教育行政官僚化」的繼續發生。

四、建立以文統道統為本位的教育主體性

教育是立人極的千秋大事，韓愈在〈師說〉中說的：「師者，所以傳道、授業、解惑也」，現在看來仍然是顛撲不破的至理名言。但是我們應該了解，可以傳的「道」原本就是

天下人共有的道，要授的「業」也是天下人有權一起分享的業，而所解的「惑」更是每一個人生命中都可能面臨的惑，換句話說，教育事業所要處置的，是全幅人心、人性的調適上遂，因此它的實施進行也許免不了須要一點手段、一點技巧性策略，但絕對不可改變的是對人的普遍尊重和「與人爲善」的開放胸襟，從這點而論，教育事業所成全的並不同於政統或法統，乃是無私無我、心心相印的文統或道統，此亦即筆者所常言之教育特具的主體性。今天風雲際會，躬逢大改革的時代，如何重新挺立可大可久的教育理想，使其徹底超越工具化的限制以行其所當行，正是所有文化人責無旁貸的歷史任務，而讓校園風氣擺脫威權宰制的窠臼，使校園中的每一分子都能夠在對等的地位上，有尊嚴、有擔當、有理想的窮盡他的權利義務，以共同烘托出對等型校園倫理的新典範，應該是最劍及履及的吧！

叁、通識教育中的文化經典

一、通識教育的重要性

在台灣現行的教育體制中，一般正常的高中是從二年級起，就依據學生的性向和志願，開始實施人文、自然兩類四組的分流教學，但也有為數不少的學校（尤其是以升學率為號召的私立高中）為了強化學生應考實力以提高畢業學生大學錄取的比率，更提前在高一新生剛入學之際，就半強迫地規定他們未來所能選的組別。在分類分組確定之後，不論教學的目標或學習的內容當然就都呈現明顯的專業導向，凡是不屬於主修類組之內的科目往往成了聊備一格的營養課程，而事實上絕大部分的高中生在三年級要面臨大學入學考試時，亦幾乎毫無例外的以他所就讀的類組做為未來進修科系的選擇參考。從這個事實來看，台灣的大學生在專業知識上的訓練，其實至少是在他們讀高二的時候就開始了。

高中階段原本只是大學教育的預備，理論上說各大學中的每一種科系對高中生而言，都應該是開放而在將來可以被選擇的，因此高中時代的教育必須要以通才教育為圭臬，當有了高中階段所養成的普遍性及基礎性知識之後，才能夠進入大學挑選適當的院系繼續接受不同的專業陶冶。可是目前在台灣顯然是過早實施了分科教育，它的優點固然是有助於專業知識的理論拓深，並且方便爾後的就業分工，然而相對的卻也窄化了教育的意義，甚至等而次之地過度崇拜了工具理性的重要，以致限制了人性中知情意的全幅發展。愛恩斯坦曾經譏笑說專家只不夠是訓練有素的狗，台灣的高等教育當然還沒有淪落到以訓練職場的就業高手為已足，但是大學生的日益庸俗化仍是不爭的事實，它之所以造成如此的田地，明顯地是和制度的不健全息相關的。當面對台灣教育這種因過度信仰專業主義所衍發的偏頗現象時，各個大學再也不能忽視通識教育的重要性。

二、通識教育的哲學理論

在歐美的大學，通識教育其實隨著文科教育（liberal arts education）早就有它的地位和定性，並且也已經發展出數種不同的哲學論述，以做爲通識教育的存在理由和實施依據。總的來說這些相關的論述大概表達了三種不同的理論：第一種是「經典主義」（或曰「精義論」），它主張除了知識和技能的教導傳授外，文化價值的認同與民族精神的涵養亦爲教育之重要目的，於是強調應該以經典的陶冶做爲通識教育的主要內容；第二種是「平衡主義」（或曰「均衡論」），這種主義認爲各個領域的專業知識都有其特色，也必然有它們的限制，所以彼此之間應該要互通有無、截長補短，如此才能構成完整的學習內容，通識教育的存在就是在盡這種功能；第三種是「適應主義」（或曰「進步論」），它以爲教育是爲了未來生活的需要，所以除了必須讓學生在專業的知識訓練中，獲得將來生活的預備之外，更要藉由通識教育的設計，充實其專業訓練中所不足的其它實用性技能，這種理論顯然有著杜威（John Dewey, 1859-1952）「教育即生活」之實驗主義的色彩。⑨國內推展通識教育不遺餘力、並曾任中華民國通識教育學會理事長的台灣大學歷史系教授黃俊傑先生，他曾經逐一對國外流行的這三種通識教育的哲學理論加以分析探討，在評判它們的得失之後，又提出他認爲可以兼容各家之長的「多元文化主義」（multiculturalism）。⑩

南華管理學院（民國八十七年八月起改制爲南華大學）在成立之初，即以全人格的薰陶與養成爲教育的理想，同時本著禮樂設校、人文辦學的理念，規劃出各種相應的課程，所以通識教育的重視以及教學的眞正落實自然形成學校的主要特色之一。南華大學的通識教育不但在總學分數的要求上高達四十八學分（含大法官釋憲會議前教育部規定的校共同科目）而爲全國之冠，同時在學門學科的規定上也做了全方位的安排，既有基礎與進階之深淺銜接的學程設計，也有廣度深度等經緯交錯的整合考量；不但中西印各方思想同體肯定，而且文史哲平等對待；理論與實作並重更是一大突破。

顯然這是一種以恢弘、開放爲基調而期許能有效全面啓發全幅人性之至眞至善至美的嘗試，儒家說「通天地人曰儒」，⑪南華大學之注重通識教育的理想，就是希望能夠應驗儒家這種貫通天地人我的主張，所以筆者過去主持該中心的業務時，即不只一次地向外宣示：南華通識教育的理念與實施是在體現儒家富有日新之精神的人文主義，亦即是在實現一種「人文的創造主義」或「創造性的人文主義」。也許我們亦可以說，這種基於儒家參贊天地之化育的理想所成功之人文的創造主義是第五種被提出的通識教育理論。⑫

三、文化經典與知識專書

南華大學之以「創造性的人文主義」爲理論基礎所做出的通識教育課程設計，當然會非常重視經典教育，因爲通過經典的學習能夠促進學生和人格典範對話，藉以開顯縱貫的精神空間和歷史視野，從這個地方看，它和經典主義的主張有相同的關懷，而經典主義所面臨的問題，也會是它必須抉擇的問題。

經典主義下的通識設計非常重視學生文化素養的養成，因此它當然要篩選重要的經典以做爲教學的素材，但什麼是經典？經典的標準在那裏？經典是重知識的或是重文化的？有沒有經典和精典的區分？凡此爭議都是先得去處理的問題，然而種種不同的答案和堅持，卻使得這些問題的解決變得治絲益棼。其實這些難題主要是圍繞著經典的定義打轉的，換句話說，經典到底要以文化內涵或知識內容來定位，這無疑是一切對諍的源起。

依筆者之見，每部經典莫不標示著人類文明發展的里程碑，最後它又都是以文字的型態出現，所以經典本來就具有知識性而可以是被當做學問的對象，就此而言，經典亦即是某知識領域的專書，但是，我們卻不能武斷地認爲凡是知識專書就一定是經典。因爲準確地說，所謂經典一定要能反映民族的心靈，另外，它不能只是那一類的理論或研究所專享，而要能夠跨越知識間的專業藩籬成爲民族或歷史的公共財，同時經典也必須可以據爲生活的典要被產生該經典的人民所信奉。換一個講法，我們可以籠統地說，經典就是它的族人大都知道它的存在，並且意識或下意識地會憑藉著它來思考問題、解決問題。像這些屬於經典的幾項主要特徵，就不是純粹的知識專書所能夠相提並論的。各種知識類的傑出著作筆者寧願稱它們爲精典，讓經典和精典有清楚的區隔。

筆者對於經典的認定顯然是採取文化論的立場。其實筆者在某種程度上同意，用文化論來認定經典對中國來說較爲恰當，對西方而言就不一定完全適用。牟宗三先生曾經科判中西文化精神的殊勝義，他認爲中國人重德、重主體性，特別關懷人是什麼和人當如何的生命問題，所以代表中國的學問是關於人的學問，或曰「生命的學問」。至於生命的活動最重要的莫過於是自我超越的歷鍊，所以中國的學問亦離不開生活實踐的種種體驗，至於西方則是表現出好奇與求知的興趣，所成就的就是知識。⑬順著牟先生的這種思考，則凡是能如實反映中國人之心靈與學問特色的中國經典，一定也離不開生活智慧的示現，而文化究其實乃是生活經驗的累積和生活意義的積澱，所以充滿生活智慧的中國經典，也應該就是文化經典。

中國這些的經典有可能被當作某類學說的代表作，而以知識專書的姿態出現在專家的桌案前，但它的實質終究是文化的；反觀西方，它的文化精神既然迴異於中國的生活性、實踐性而表現為重智、主智的風貌，凡知識性特強者必定能夠在觀念上求突破、理論上造系統，惟學理的精湛不一定要有實踐的關懷，因此如果一味地要以中國經典的文化標準來規定它們經典的定義的話，那就未免強人所難了。

可是筆者還是認為，儘管西方是以認知為特色，然而它們依樣還是有如中國般的文化經典，而在一個較為完整的通識教育的課程網絡中，一定另外要有比較側重知識性的各種學門設計，例如南華就有哲學與宗教、文學與藝術、法律與政治、心理與傳播、科學與科技和外文與外語等六大類，於是相對之下，經典課程就理該特別彰顯它的文化性，也就是說，在經典學門的設計上，對於西方經典的認定，還是要側重它的文化性。根據這個標準，《論語》、《孟子》、《老子》和《莊子》當然都是經典，《陶淵明詩》、《李白杜甫詩》和《三國演義》也可以是經典，但是《公孫龍子》、《天工開務》就不會是經典；《金剛經》、《新約》和《可蘭經》是經典，至於《大乘廣五蘊論》、黑格爾《精神現象學》、亞當．史密斯《國富論》還有馬爾薩斯的《人口論》等，我們雖然承認它們都是學說或知識上的精典，卻未必然是經典。

四、開放性的文化經典教育

堅持文化論的立場乃是筆者在通識教育經典課程規劃上的一貫態度。筆者從南華大學開校啓教之初就實質參與全部通識課程的研議，特別是東方經典學門這個部分的介入最深，也最期待它能成爲南華特色中的特色。

南華大學開創經典教育的靈感和前面提過的「經典主義」有關，然而經典主義最爲人所詬病的是文化本位和復古保守，南華大學則能跳出這種窠臼，因爲一者南華大學通識教育中之經典學門，其所提供的內容乃是中外兼顧的（由於佛教已經融入在中國文化中，成爲中國人生活中無時或離的重要因素，所以目前的課程設計是將漢譯藏典暫且列在中國經典範圍內），且學生依規定必須至少修足中外經典各兩門共八學分，所以它沒有本位、排外之嫌；二者是在教學的理念和要求上，它期待任課老師除了在文獻學的意義下儘量還原文本的面貌外，也要給予古老的經典當代意義的詮釋，更重要的是要啓發導引學生，活學活用地做當下的生活印證，使經典呈現其當代性和實踐性，因此它是以古通今、以今證古之古今輝映，而不是以古非今。

當然在多元的社會裏，南華大學的經典課程也一直面臨著過什麼才算是經典的嚴肅討論和質疑，重文化性或重知識性的不同意見都有老師們的看法；是不是只要規劃、施教那些僅具文化屬性的經典就可以了呢？或是經典、精典不可劃分而一概都要列入課程設計？凡此都曾激辯過也各有堅持。值得留意的是，具國學淵源者大概較傾向支持文化論，社會科學背景的老師則反對有經典、精典之分。因爲彼此之間一時尚無法完全獲得共識，南華現在乃暫時將它擱置、存而不論，至於在技術上則採取折衷的處理方式，亦即把中外經典分別交由不同立場的老師們去規劃，使之能夠是其所是的同時也能是其所非，這是妥協，當然也是包容。

南華大學現在的中國經典課程是根據「儒釋道兼備，經史子集俱在」的大原則所擬定的，八十五學年度創校的第一年，當時雖然只有七十一位大一新生，但基於小班授課、基徵教學的理念，上下學期就各規劃了六門科目，到了八十七學度學生也不夠成長到三百五十人左右，每學期開出的科目卻高達十六門之多，而且採隔年對開，讓學生在上下學期之間更有選課的空間。不過我們必須承認這種方式在成本花費上是十分龐大因而很容易引起專業系所的吃味和反彈的。此外，經驗心得亦告訴我們，在實務性的考量和教學成果的累積需要等因素下，並不是所有的經典都可以拿來當做教學的對象，據此，筆者認爲適合教學的經典除了文化性、知識性乃不可或缺之外，還必須再配合下列的幾個條件：

（一）原創性地位：

經典有原創的經典，也有慧命相續下的後起經典，從標竿的意義說，原創的經典當然優於後起的經典，所以在教學上如果不能前後兼顧而必須在兩者間做抉擇時，那就應該以原創者爲重，例如《論語》、《老子》的被選定，就是典型的例子。

（二）互補性需求：

通識教育顧名思義在養成學生宏觀的視域，所以最忌諱做封閉性和斷裂性的知識灌輸，此殆無疑議，除此之外，學門與學門之間也不可以各自爲政，而需要在整全的教育目標下讓彼此的功能互補交流以相得益彰。以目前一般情形看，自過去教育部所規定的共同必修科目取消以後，以往比重最重的大一國文被大量縮減授課時數，甚至有些學校完全取消它的教學，南華大學之通識教育則是改變它的重點訴求而將它更名爲「大學寫作」，並且向下調整爲一學年四學分而已。然而多讀多聽多寫乃是加強語文能力的不二法門，一個學期只有兩學分的訓練顯然不足以達到這種要求，經典教育做經典的選擇時在這裏就應注意它和寫作教學的互補性，例如《戰國策》、《莊子》等經典在文章的技巧上皆深具特色，乃可兼爲訓練語文能力的良好教材。

（三）時代性反應：

經典既然是民族心靈的反映，那麼它就永遠具有時代的意義，如此說來，又何必強調它的時代性？其實此處說的時代性，是特就它能記載該時代的風氣、民心或主流學說而言的，如《韓非子》之反映戰國中晚期列強的政治表態、以及《世說新語》之傳述魏晉名士綽約英姿等是，凡這類別具時代意義的經典，當然不可放過。

（四）調節性功能：

以教育的目標爲經，以學生的需要爲緯，不因某人的特定要求而開課，此是辦學的共識，尤其在維護通識教育的自主性和整體性而言，這個共識更應被落實和堅持，然而開辦一所所有領域或所有的科系都能面面俱到的完整大學永遠只是個理想，現實上往往是各具特色同時也各有所短，尤其是草創初期者爲甚，在這個發展過程中，通識教育單位以其非專業導向的特性，無論在教學重點和師資安排上，顯然必須承當調節性的任務，其經典課程的規畫設計當然也不能例外，南華大學通識課程曾有一段時期有關儒家和道家思想的經典所佔比例明顯偏重，即恰當發揮了它配合師資結構的調節性功能，至於《史記》和《資治通鑑》每年必開，則是因爲南華大學的歷史系尚未成立，校內歷史學的氣氛相對淡泊，所以理當如此構思以適度彌補其不足。

五、通識理想是教育的本義

台灣的大學教育有一個假設的前提，就是大一進來的新生在高中時代已經有了適當的通才教育，於是到了大學之後進行分科分系的專業教育乃是天經地義者。殊不知，無論就正常的體制設計或實際的教學情形看，現在高中生的通才教育是嚴重不足的，所以理想的大學教育除了有專業的導向之外，對於以開拓學生心靈視域爲訴求的通識教育，更是不能等閒視之。

然而就台灣各大學實施有年的情形來看，目前的通識教育仍然是處境相當艱難的。有少數的學校直接是專業掛帥，把通識教育認爲可有可無，所以連單位的建制都沒有，即使是有，也相對貶抑，使人容易在觀感上以爲，教通識科目的老師乃是教授團隊中的二軍，地位略遜於教專業科系者，如此一來常導致前者不安也不甘於位而時思跳槽，連帶影響了通識教育的成果累積和品質提昇。此外，目前大多數的學校是依據均衡主義或進步主義的理論來辦理通識教育，這原本無可厚非，然而在處處以專業爲尊的台灣，這兩種主義的優點不但沒有被實現，反而徒然使得通識學分變成營養學分罷了，形成反教育的諷刺。當然能夠注重通識和專業之間的聯繫，肯定通識教育之價值與地位的學校還是很多，不過它們往往是把通識教育當成專業知識的概論教育，此無異視通識爲專業之預科，間接抹殺了通識教育的獨立性。

通識教育的主體性是否能夠完全建立，並不是單靠它自己的努力就能實現的，因爲假如專業掛帥的意識型態不能夠被扭轉或調整的話，它就永遠找不到著力點。其實眞正的教育是能夠全幅開展人的意義、多元啓發人的自覺的教育，教育要能夠導引人性、建立人道和開創人文，教育絕對不只是在訓練人的謀生能力和培育人的知識而已。我們期待，通識有一天眞的會是大家承認的教育理想，更期待每個人都有一部經典做爲他生命的燈塔。

肆、大學多元入學新方案的觀察與期待

一、知識全民化的新思考

幾年來朝野一致推行的教育改革運動，從表象上看，除了法律依據的確立如「教育基本法」的訂頒最具有指標性的意義外，⑭其它似乎就是以中小學之人事制度的調整、教學環境的提昇以及課程教材的轉變爲工作的重點，媒體也通常只環繞著這些現況做報導，其實教改對台灣高等教育的衝擊原比想像中要大得多，因爲它帶來了全新的視野。對台灣的高等教育而言，教育改革的訴求主要是放在全民化的思考上，換句話說就是要顚覆舊有之菁英主義的模式，充分讓知識的權利普及化，也要讓學位的取得更容易，其中最具體的做法，是在策略上將原有之高教體系和技職體系清楚區分的二元主義完全解構，使理論研究者和實務工作者之間的主從關係能夠逐漸拉平，現在各技術學院或科技大學中科系的名稱都已經取消原規定的「技術」這兩個字，普通大學也准予設立「技術學院」，甚至在鼓勵各大學合併、聯盟的既定政策下，普通大學和科技大學的結合也已時有所聞，像這些都是最好的說明。然而最明顯的配套措施，就是調整過去的招生辦法，在技術上以暢通入學管道和選才方式的多元化爲努力的目標。

所謂入學管道的暢通，通常指的是升學上的方便，也就是所謂打開大學通道的窄門，其中更融入了終身學習的理念，讓高等教育和社會教育結合在一起。事實上教育部爲了讓高中職的畢業生能夠比較容易進入大學校院繼續升學，也爲了擴大提供社會人士在職進修的機會，於是在量的方面除了不斷核準新大學校院的籌設和新學系的增加外，對於原有遍及台灣各地的專科學校，也儘量予以鼓勵配合，使之升格改制成爲技術學院甚至是科技大學，藉此以滿足實際的需求。

全民化的大學教育是否會因爲「量變帶出質變」，使得一向被期待爲社會菁英的大學生們出現劣幣驅逐良幣的現象，等而次之並造成人格規範及知識品質向下沉淪的危機，這的確是個令人擔憂的問題，筆者曾在〈確保大學教育的格調與品質〉一文中曾提出深切的反省與呼籲，⑮該文主要是有感於南部某新改制的技術學院接二連三發生校園械鬥事件而發的，孰知文章登出不久，中部另外一所新制的技術學院，又傳出黑道介入校園涉嫌恐嚇及籌組幫派的驚人聽聞。種種的跡象誠然讓我們不能不戒愼恐懼，至於如何才能有效防堵高等教育的惡質化，這固然需要所有教育工作者的共同關心，但是在選才上先細加思索，應該是不可缺乏的重要防範。

二、劃時代的選才策略

在教育改革的要求下，高等教育的選才方式產生了革命性變化，在台灣實行數十年的大學聯考，變成只是多元入學管道中的一條途徑而已，自九十一學度起，「大學多元入學新方案」正式替代了原有的制度，成為拓寬大學之路的一項新的突破。⑯此一新的招生方案是具有半官方色彩的「大學招生策進會」（簡稱「招策會」）在民國八十八年六月研擬通過。新方案將大學入學管道概分為「甄選入學」和「考試分發入學」兩大類，前者又分「推薦甄選」、「申請入學」兩種，後者則有甲、乙、丙三案，教育部和招策會原則上同意各大學各院系自行選擇可行的方式，以錄取適才適所的學生，惟顧及作業的需要，在「考試分發入學」的三案中只能選擇其中的一案，換句話說，以一個學系而言，它最多可以有「推薦甄選」、「申請入學」以及「考試分發入學」某一案等三種選才的決定，當然它也可以單純地只選擇兩大類中的任何一種方式。

其實「大學多元入學新方案」中的「推薦甄選」已經行之有年，大家都不陌生，「申請入學」也自八十六學度起開始試辦，而「考試分發入學」中的丙案則是原來大學聯考的形式，比較新的嘗試只剩下「考試分發入學」中的甲、乙兩案，可見這項的招生方法並不是貿然提出的，它的五分之三的部分都經過了相當時間的實驗，其餘的五分之二，據筆者所知，也是在縝密的思維和多方的研商之後才拍板定案。

筆者過去在南華管理學院（今已改制爲南華大學）教務處主管業務時，即多次奉派參加與此新方案相關的研習和討論，也曾經代表校長、教務長數次出席決策性的會議，凡此皆親自目睹與會人士和教育行政官員們對種種議題深思熟慮的謹愼態度。今新方案又明白宣示，兩類五種的選才方式完全開放給各學系做決定性的選擇，這對校園自主、教授治校的教育新猷來說，更是具有正面的示範作用，因此如果將它譬之爲台灣高等教育的劃時代貢獻，其實並不爲過。

三、新方案的精神和特色

「大學多元入學新方案」顧名思義，就在它迴異於以往的一元化而具備多樣性。過去的選才制度，不管是即將癈除的聯考，或者是更早的單獨招生，也有它們的優點，例如方便省事、明瞭易懂等，尤其是前者的客觀性、公平性更是捍衛者所堅持的主要理由，不過它們有一樣共同的缺失，就是常爲人所詬病的「一試定江山」。由於採取每年只考試一次的方式，以致考運竟然成了影響成績及分發的重要因素，幸運者的雀躍和不幸者的怨懟，每屆考後都餘波盪漾，間接也扭曲了學習的眞諦；其次是由於應考科目完全統一，對重點發展的學生難免產生排斥的現象，同時各學系只能經由考科試卷去認識學生，並且被動地接受分發的對象，結果彼此之間事前事後經常產生認同的落差，不但對教學形成困擾，學生亦有適應上的問題，下焉者只好隔年重考或者每年尋求轉系，此乃形成學習的最大浪費。

相對於舊制度，新方案讓考生起碼有兩次或者更多的應考機會，考運好壞所產生的影響比率顯然降低。同時它讓各學系自行決定選才的方式，也非常程度地放寬各學系在考科多寡及項目的選擇自由，此舉使得各學系在書面考試的管道之外，還有更多的可能去接觸學生、認識學生，相對地考生也能藉由各學系的考試規定，規劃自己的報考校系，因此能夠讓學系和考生都有彼此的選擇機會，這在適才適所和避免學習浪費上，顯然雙方都可以互蒙其利。當然最重要的是，它會給過去之純粹以應付聯考爲最高目標的高中教學，產生一定的衝擊，刻板的知識灌輸、題型的記憶背誦、標準答案的宰制、創造性思考的扼殺以及非考試範圍不教等等的弊端，將可獲得有效的解決。

新方案還有一項進步，就是對過去實驗過的「甄選入學」也做了條件的放寬，例如不再強迫規定各學系以此方式招生名額在核定招生總額的比率上限，換句話說，各學系如果認爲「考試分發入學」並不能爲它找到適合的學生時，它可以將全部名額放在「甄選入學」中；又例如「推薦甄選」的辦法，過去並不包括高中的進修補校，在新方案中也做出修正，有人戲稱這是建中補校和北一女補校條款，但是我並不這麼認爲，反而當它是全民化教育和終身學習理念下的必然改變。高中補校就一般來講是補救教育和進修教育，除了建中和北一女附設的兩所補校外，其餘補校的學生都是年紀較大，且大部分在白天都有工作或職業，大學甄選入學條件的放寬，無異是在考試上提供了他們以專業知能彌補學科能力不足的機會，這在鼓勵進修的意義上，乃具有相當的催化作用。

四、執行技術的瓶頸

任何一個人爲的設計，總是有它不盡如意的地方，而且往往是優點所在即同時隱含著缺點。「大學多元入學新方案」針對過去的聯考制度做了大弧度的修正，它的特色和長處誠如上節所述，但是原有制度的簡單省事從此也沒有了。大體來說，「大學多元入學新方案」是個良法美意，絕對值得嘉許，但是它的複雜和執行的困難也是不爭的事實，語云好事多磨，新制度的無奈，大概也是如此。

筆者多年前在高中任教時即體會一個事實，同時選擇「推薦甄試」和「大學聯考」的高三學生，在準備考試的步調上要比只選擇後者的同學早一個學期以上，而在煩瑣的推甄過程後，不幸落榜的學生由於時間的耽擱和心理調適的困難，接下來的聯考通常不太容易創造佳績，基於此因，筆者當時並不主動鼓勵學生參加推甄，只希望他們全心全力準備聯考。好在那時全國大學校院參與推甄的科系不算太多，錄取的名額也很少，所以學生尚能接受這種安排，對他們權益的影響亦不大。

現在新方案一實施，筆者發現有不少學校的科系竟然把「甄選入學」的名額定在錄取總額的百分之三十左右，甚至有高達百分之五十以上者，如此一來，絕大部分的高中學生勢必要全力爭取所有兩類的機會，這對他們來講，絕對是壓力的引爆，此中還不包括應考時各地奔波、舟車勞頓的體力負荷以及家長所必須負擔之可觀的物質成本，多元入學之所以被譏諷為「擁有衆多金元者始能入學」，甚至開始有人質疑它是在排擠窮苦子弟，莫此爲甚。

另外，在「申請入學」方面，本案並不強制規定一考生只能報考一校一學系，且沒有備取制度的設計，那麼成績優良的考生如果多方報考、重複錄取，等於徒然佔去許多名額，對其他的考生而言無異是入學資格的剝奪，同時也有可能讓很多學系的考務人員到頭來因爲錄取者不來報到而前後白忙一場。至於各學系之間的種種不同要求標準更是令人眼花撩亂，有關此類資訊的掌握對考生而言也許不會有多大的困難，但是在理解上卻是十分煩複的，到底會有多少人願意花心思認眞去閱讀，恐怕是個疑問，尤其對教育水平較低的家庭而言，家長所扮演的諮商角色絕對會有心餘力絀的遺憾。

除了考生的不方便之外，大考中心以及各大學校院的人力配當也是個棘手的問題。現在因爲新辦法剛起動、重頭戲還沒有眞正上演，所以未必能夠具體感受到這個問題的嚴重性，筆者以一個過來人的經驗，預估它一定是個勞力密集的任務，而且業務量會有增無減。它的進行絕對需要人力的重複動員，從各學系的秘書、助理到校級的業務組員和主管，無一能夠例外，而且大家必須認眞熟悉方案內容、簡章規定以及作業流程，人事單位在人力的規劃和調度上也要有前置的準備，不如此則不足以應付此一備極煩瑣又不容絲毫出錯的工作。筆者亦可以大膽的預測，假如辦法擬定不夠完備、動員分工不夠周延、技術操作不夠縝密的話，試務的糾紛終將無法避免。事實上有些學校大概也已經意識到這個問題的難處，所以全校幾乎統一選擇了最簡單之「考試分發入學」的丙案做爲招生的唯一方式，當然如此一來，所謂多元和自主的精神也就不見了。

五、防範人爲因素的作弊

主張維持舊有聯考制度的人，往往是以向來深植人心之客觀公平的印象做號召，他們對新方案的疑慮也同樣在這裏。的確新方案的最大盲點是考試公平的問題，筆者對此亦持審慎的態度。筆者對人性絕對有信心，但也不做童騃式的樂觀，尤其是在政治及財團勢力無所不在、無孔不入的台灣，更是如此。過去每年的「推薦甄選」都有人謀不臧的傳聞，儘管後來都以查無實據結案，它的眞眞假假其實是令人回味的，後來的「申請入學」更是非議不斷。事實上學校被檢舉考試不公、考試舞弊者己經時有所聞，坊間並有人戲謔稱道：多元入學不但開啓了大學的窄門，同時也暢通了大學的後門；亦有人一語雙關地說：以前只要把錢花在學費上，現在則必須用到許多地方。凡此固不乏捕風捉影而無據可查者，但相關主管單位和學校總不能老是充耳不聞、僅抱持著駝鳥心態去自圓其說，而當認眞檢討得失並眞實以對才是。

民國八十六年教育部第一次試辦大學申請入學時，全國只有十來所的校院不到廿個學系參加，所開放的名額亦微乎其微。當時教育部規定所有參與實驗的學校必須先在校內通過「實施辦法」並報部備查，在辦法中亦應明文規定整個申請入學的審核過程各系務必全程錄音、錄影，所有的資料也要交由招生委員會統一妥善保管。筆者當時正好躬逢其盛，除了按照教育部的規定認眞做好各項準備之外，甚且主動遊說負責口試的各系所委員，請他們事先研發出一套題庫以為面談的依據，藉此減低主觀上所容易產生的偏頗影響，並建立考試應有的公平性。嗣後南華的招生工作果眞以其工作的計劃周詳、執行徹底和客觀有效，被許多督導單位公開稱許，筆者亦敢自豪的說，新方案中不少的實施步驟和規定，其實就是當年南華的翻版。

依筆者的見證，教育部當年的要求是必要而且重要的，因爲它有防微杜漸的作用，也能向廣大的社會做公正的交代，當然它的所費不貲，也非常勞師動衆。現在新方案的全面實施，所有選擇「申請入學」的校系理論上是要比照上述的模式辦理，才能取信於考生及家長，但這龐雜的業務有沒有專人監督落實？各學系的實施細則或者各校院的實行規定如何及時告知考生？試務人員如循私舞弊涉及不法當如何處置？考試成績如何複查？申訴的管道又在那裏？諸如此類必要的配套措施其實都應該有未雨綢繆的準備，但是到目前爲止卻不見相關單位的承諾，假如繼續下去而不趕快積極思索出萬全之道的話，那麼屆時萬一有考生或家長提出質疑，終將無法平復悠悠之口的。

除此之外，口試和非電腦閱卷題型的測驗，如何客觀公正的評分也是一項高難度的挑戰。

大學聯考的作文成績由人工閱卷，聯招會的規定是同一試卷在彌封下分別由兩位教授評分，然後再取其平均值當做該項的實際得分，但是如果兩個教授給的成績差距過大的話，則必須重新開會檢討決定，這是爲了避免閱卷者因主觀好惡而影響考試的公平所採取的措施，各學系招生時，如果有小論文及申論題，理應參酌聯招會上述的方式辦理，但是萬一因爲考生的熱烈參與而全系的師資又不夠支配因應的話，那麼限於時間的壓力會不會就便宜行事呢？此外，面試時往往免不了以貌取人，這種主觀印象所造成的偏頗將如何克服？問與答之間的分寸又如何拿揑？凡此也都是令人難安的。

六、選才理想的充極實現

「大學多元入學新方案」是精雕細琢下的產品，中間也經過數年的選樣實驗，其可行性和適才適所的優點，絕對是毋庸置疑的，我們深切期待這項劃時代的創構，能在執行人員的努力下，發揮它最極致的效果，使其不但可以提供全部考生最完整的考試機會，也爲各校各系招攬到最中意的人材，進而直接促進高等教育的蓬勃發展。

但是不可諱言的，本方案實施時的客觀性和公正性仍然受到相當的質疑，爲了說服大衆的同意，它應該要有具體地措施以爲迴應，譬如說考試分發（亦即丙案）的名額比率是否要相對提高並強制設定下限等，都是可以重新再考慮者，此外，其中十分可能涉及到人的非理性因素和主觀情緒的問題，這除了有賴於全體試務人員的戒愼恐懼、好自爲之，以避免落人口舌之外，更急切需要相關的配套規定以發揮抑制的效果。總之，新方案的精神和方向絕對是正確的，我們在對新方案充滿期許之餘，乃願意向主管的相關單位鄭重呼籲，請能針對社會的普遍疑慮，及時做出有效的呼應，俾讓這項良法美意能夠充極實現它的目的。

伍、顛覆／錯亂：當前語文現象的困境

一、漢字簡化工程的後遺症

當代世界的國家中，因爲語言文字政策的不夠周延，導致後來文化傳遞和傳統接棒的困頓，這是不乏其例的，最典型的代表，就是韓國的實施新拼音文字和中國大陸的漢字簡化工程。

韓國所進行的新拼音文字策略，主要的動機是爲了掙脫向來之漢字使用所產生的文化殖民傾向，換句話說，這中間帶有極強烈之「去漢化」的本位思考。韓國這項從朴正熙執政起就成爲既定政策的新國字要求，以目前看來，即使隱然浮現「傳統斷層」的兩難，但是基於斯土斯民的強烈自尊，所以尚沒有改弦易轍的可能。因爲它涉及到民族主義的情結問題，我們一方面能夠同情地了解，另方面只是局外之人，所以對於其中新舊失調之功過是非問題，也就姑且不予置評，至於中國大陸的情形則異於是，我們絕不能不做反省與檢討。

中國大陸政權自六〇年代起，由於馬列思想以解放者的姿態君臨天下，一時之間「破舊立新」的主張如日中天地蔚爲主流價值，當時的統治階層乃依附著此大有爲的氣氛和牢固的意識型態，毫不吝惜於正體漢字幾千年來的書寫傳統和藝術價值，藉著政治勢力的干預，逐步有計劃地強制推行筆劃縮減、符碼抽換的新文字工程。因爲威權環境使然，所以這接連幾波的簡體字運動，從一開始就無人能攖其鋒，而持續幾十年下來，亦果眞是成果豐碩，如今世界各地的華人地區、包括台灣在內，都不免受它的影響。可是這種成就如果從文化的總體價值來衡量，筆者認爲是得不償失的，而且它的正當性和適當性亦值得懷疑。

原來文字之做爲一種傳播的符號，主要的功能是在承載著意義、並穿越時空的限制做有效的推拓延展。它最期待使用者的熟悉，以便充分達到訊息交換的效果，反過來說，如果我們對某種文字符號系統太過於陌生，那除非再藉由另一中介者進行轉譯的手續，否則意義的接觸就變得緲不可及，但如此一來，因中介者的換碼需要所造成的不便和失眞，就永遠無法避免，大陸目前所面臨的，正是這種明明是祖先傳下來的東西，卻必須經過轉碼才能辨識的尷尬。

就一般的情況說，簡體字已然成為大陸最通行的書寫工具，正體字則由於長期以來的擱置不用而日益被淡忘，於是只嫺習於簡體漢字的大陸人民、尤其屬於四十歲以下的年輕一代，當八〇年代起逐步改革開放以後，他們重新可以用平常心去面對傳統的文獻或典籍時，卻由於文字認讀上的障礙，已然產生「意義讀取」上的茫然和隔閡，甚且隨著年齡層的逐次遞減，這類的情況也越來越嚴重。從文化教育來看，這種「符號系統斷裂」所衍生之認知學習的危機，無疑是大陸當局始料所未及的頭痛問題。

二、繞過符號失連的障礙

事實上當漢字簡化運動在大陸如火如荼進行之時，台灣也有不少的知名學者如羅家倫等與之隔海相應。總的來說，這些學者所贊同的主要原因是：正體的漢字（大陸現今名之曰繁體字）在書寫上，的確有其費時費事的缺點，這相對於工作方便、效率提升、甚至於國家現代化的要求，都是非常不利的。當然在台灣那個充滿白色恐怖的年代裏，這些全然無視於被冠上大陸同路人的危險而不惜據理力爭的學者，最後之不能免於被打壓的命運，是可想而知的。

現今資訊工業一日千里，信息處理的方式產生革命性的變化，紙筆作業已經逐漸被電腦操作所取代，同時各種實用又方便的中文輸入方法不斷推陳出新，而且已然成功地被廣泛運用。因此，過去凡是以書寫困難爲理由而認爲正體漢字必須簡化的主張，在面對這種科技成果時，顯然都不能成立了。據此看來，當初附會簡體字運動而遭受迫害的學者們，他們的遭遇固然值得同情，遺憾的是，即使在理念和見解上，彼等亦沒有得到歷史的最後證實，所以根本也當不了先知或英雄。⑰相形之下，台灣當局素來堅決捍衛正體漢字的鮮明立場（不管是來自政治的動機或者出乎擇善固執的正當理由），倒是能爲我們以後在解讀華夏文明的傳統時，省下了許多「跨越符號障礙」的麻煩。

長期以來台灣的國語文政策的確是嚴謹而保守的。教育部就曾經好幾次聘邀專家學者研定標準字體的正確樣本，並正式對外公開推行以做爲全國各界的書寫依據。其研議的過程縝密而周延，中間如果出現不同的見解，必定詳細討論、再三斟酌，即使一撇一捺都斤斤計較，絲毫不敢大意，有時煩瑣細碎到近乎吹毛求疵的地步，仍然在所不惜，目的就在於達到百分之百的準確。此外，各地方縣市政府的教育局也都成立「國語推行委員會」和「國語文教學輔導團」，積極地以國民小學爲核心，從基層開始戮力培訓優質的老師，期求眞正落實語文教學的工作。從國小學生起的識字練習，更是一點都不含糊，凡一個字的部首、筆法、劃數、順序都被嚴格要求，至於正式的文章寫作及一般的公文書處理，則完全禁止使用簡體字，甚至連草書形式都不能大方躍居廟堂之上。就在這種情形之下，也應運出現了一批專門以國語文爲研究領域且自許爲諤諤之士的知識分子（其中盡多是深具教學經驗的在職國小教師），他們恣意臧否著文字使用的得失，努力配合政府，相輔相成地共同推動著這一個方向雖然正確、但總不免帶有幾分威權和霸氣的教育策略。

國語文政策如此的認眞執行一定會出現立竿見影的效果。過去台灣三家無線電視台，無論是新聞性的報導內容，或是娛樂性、戲劇性的休閒節目，在打出的字幕中絕少發現錯別字，偶而露點小紕漏，觀衆中必定有人立刻大驚小怪地提出糾正，各家電視台也會從善如流地正式回覆並公開道歉，像這些都是很好的說明。不過曾經有一南部的某黨營報紙，由於一時校對的疏忽，竟將「中共」誤植爲「中央」，結果不但遭受嚴厲指責並且株連甚衆，其嚴如斧鉞的矯枉過正就令人不敢苟同了。

總之，我們現在絕對不會同意文字獄的再出現，對於過去所發生的那些太過於小題大做的緊張兮兮，也會嗤之以鼻，不過仍然不得不欽佩那時候國語文教育的具體踏實。

三、挑動符碼錯置的亂象

然而台灣的中文讀寫幾十年來雖然避開了符號失連的困擾，而且確實累積了相當豐厚的成果，現在卻因爲使用者的刻意顚覆和主事者的漫不經心，正面臨著失序和亂碼的困境，但由於它不像簡體字那樣的直接破壞、正面衝決，所以較不爲時人所關心。筆者不敏，深爲此憂，蓋以爲若寖假以漸，它所衍生的弊端，其實是不亞於漢字簡化工程的。

隨著民主化步伐的大力邁進，島內的許多禁忌都逐漸鬆綁，以往強勢執行的國語文政策也是被顚覆的其中之一。畢竟思想和言論自由，已然是人權中不可侵犯的天條，循此以降，做爲表達需要的語文工具，無形中也成了個人所不得被干涉的雷區。政府既然不方便以公權力管理語言的使用，就只能任憑它發展，當時如天之驕子的國語文專家，在舞台流失之後也開始噤若寒蟬，不肯妄議是非，再加上後現代浪潮的席捲全球，解構之風蔚爲時髦，台灣的語言環境乃快速地進入瓦解時期。

語言文字之具有傳導資訊、交換信息的功能，即在於它是一套約定俗成的系統符號，所以任何人如果想要較爲精準地表達自己的意思，自覺地走出日常使用的誤區、並恪遵它的法則性，乃是非常必要的。西方廿世紀的哲學當中，以羅素（Bertrand Russell,1872-1970）爲核心的語意分析學派，他們之所以積極提倡「語意的澄清」或「語言的治療」（therapy of language），重要的任務之一就是在維護語言表達的無歧義性與清楚，因爲他們發現，哲學史上許多的紛爭，根本不是來自觀念見解的對立，而是由於表達／接受的失眞，這其中的關鍵，就是我們日常所使用的語言充滿模糊性的緣故。

當然我們未必完全同意語意分析學派那種過分刻板的主張，他們之純以「人工語言」（artificial language）爲唯一精確、可用之語言，顯然疏忽了語言文字除了在認知的意義之外，應該還有意志和情感的功能，因此未免對所謂的「日常語言」（ordinary language）缺乏應有的肯定和包容。此外，在語言文字的運用上，我們也不認爲全然是要中規中矩，因爲有時故意忽略或扭曲語意、語法、語用的正常理構，讓文字的表現在暫時的脫軌之下激盪出突梯、滑稽的效果，反而更容易達到預期的目的，因此凡修辭學中的夸飾、倒裝、反諷、雙關、歧義、錯綜、跳脫等手法，如果恰當地使用，都是可以被欣然接受的。

然而問題出在台灣現在的廣告和媒體，乃是競相把正常理構的忽略扭曲當做主流的策略，以致造成觸目所見、充耳所聞莫不都是不按牌理出牌的脫序意象，像建物宣傳中有「山河大『第』」、「富甲天『廈』」、「現代藝『墅』」、「世紀『家』作」，媒體節目中有「新聞『風報』」、「獨『麗』計劃」、「夢『享』之旅」、「『魚』樂世界」、「離家『吃』走」，餐飲廣告中有「『雞』不可失」、「『飽』家『味』國」、「『食市』廣場」等，諸如此類，不一而足，上焉者或可美其名是「創意表達」，其實東施效顰、拙劣不堪者仍居大多數，而且流風所及，甚至連教育、教學單位也都不能免俗地亦步亦趨，例如大學校園中就常發見學生在他們的系服上依樣畫葫蘆地大做文字倒錯的遊戲者，像社會系曰「青『社』少年」、歷史系爲「『史』終不渝」、法文系說「風『法』絕代」、建築系則自稱是「成『築』在胸」等，結果在陣陣喧鬧中，已然造成符碼的錯置和語意的胡亂改寫。我們並不是墨守成規的拘泥者，也相信惟有活潑新鮮的文字才是出奇致勝的上乘文字，但我們更認爲：如果一味酖溺於玩笑戲法，絲毫不在乎以假亂眞、積非成是所可能帶來的危險，那就不免過猶不及之譏了。

台灣目前語文故意誤用的氾濫成災已然出現危機，筆者之做如此的診斷或許是杞人憂天，我們但願亦果眞僅僅如此而已，惟履上堅冰、其來有自，國人終究不能不防患於未然的，更何況事情並沒有想像的輕鬆，君不見：警調單位現在一致被稱之爲「白道」，豈不變成少林、武當的江湖幫派而與古之墨俠混爲一談了嗎？⑱司法人員鍥而不舍、以靜制動的認眞辦案，最後終於順利緝捕人犯，卻常常被我們的媒體形容爲「守株待兔」，這到底是褒或貶呢？其他若「孕育」之誤爲「蘊育」、「興趣」之誤爲「性趣」都還在其次，把「房事」重新定義爲「買賣、租賃房舍之事」，就令人匪夷所思了。凡此之證，不勝枚舉，它們的混淆視聽已經明顯產生負面的效果，我們實在不能等閒視之，教育主管單位更不可以自由開放爲藉口而不再表示意見。

四、走出語用混淆的誤區

語言文字無論從符號外表和所裝載的的意義來說，原都是人爲規定的，這種規定既然不是天造地設，所以在與時推移中必定會有調適和更動，文字中之有重文、變文的例子，成語的解釋之不必等同於本義而能夠另出新猶，都反應了這種事實。可是儘管如此，因革損益才是它順應改變的唯一原則，換句話說，我們絕不能用革命的方式，斷然拋棄符號系統的傳承。況且可顚覆的對象，應該是語文使用時的墨守成規、刻板僵化，徇非符號本身及其對應內容的穩定性。再者，所謂僵化的消解，其最終目的當在於創新而不是純否定式的破壞，若不如此，反而刻意去斷絕意義辨讀的連續鎖鏈，則勢將成爲一種荒謬。

從中國的歷史看，解構運動過去曾經生過，而且不論從思想文化或文字表演來觀察，解構運動也都有著轟轟烈烈地正面成就，其中之犖犖大者就是老莊思想的出現。老莊哲學之充滿批判色調，它和後現代及解構主義的暗合道處，學界已經有許多專家做過研究，本文因論述重點的不同，在此不必多費筆墨，但它的語言特色則値得留意，我們權且根據文獻，略加申述。

老子《道德經》在語言上的解構特色莫過於它說的「正言若反」。凡肯定性的言論立場，卻拐彎抹角地從負面做表達，此迴異於一般陳述的新舉，就是「正言若反」的訣竅。「正言若反」到了莊子手中更是痛快淋漓、精采倍出。《莊子・天下》形容莊書的語言技巧是：「以謬悠之說，荒唐之言，無端崖之辭，時恣縱而不儻，不以觭見之也。以天下爲沉濁，不可與莊語。以卮言爲漫衍，以重言爲眞，以寓言爲廣。獨與天地精神往來，而不敖倪於萬物。不譴是非，以與世俗處。其書雖瑰瑋，而連犿無傷也。」歷來研究莊子的人，大概都能同意〈天下篇〉的說法，事實上莊子也就是以他這種大別於傳統的創意性表達，奠定了文學史上的不朽地位。至於莊子在〈寓言篇〉所說：「言無言。終身言，未嘗言；終身不言，未嘗不言。」那種在語言技巧和立論態度上隨說隨掃、隨掃隨說的瀟灑自如，其高明更是引人入勝。凡此正都合乎解構的眞諦。

從上所述，可知解構的眞正意思應當是：解除束縛而重新創構。換句話說，如果光光只是顚覆破壞，不但沒有眞正達到解構應有的目的，反而將帶來失序和錯亂而已。因此台灣文字工作者目前的肆無忌憚，並不是不能加以批判和導正的。法國解構主義大師德里達（Jacques Derrida,1930-）曾經說過：「解構運動首先是肯定性的運動，……讓我們再說一遍，解構不是拆毀和破壞。我不知道解構是否是某種東西，但如果它是某種東西，那它也是對於存在（Being）的一種思考，是對於形上學的一種思考，因而表現爲一種對存在的權威、或本質的權威的討論，而這樣一種討論或解釋，不可能簡單地是一種否定性的破壞。」⑲願國人深思之，並一起走出語用混淆的誤區。

【附　註】

註①　筆者以爲正大光明的人本主義或人文主義並不會無限膨脹個體性的重要，也不會拿理想做藉口來和他者（the others）展開對決，凡此都不是那些時下自命服膺「人本主義」的教改人士或團體所能理解的。又「自由主義」和「自然主義」如果擺脫不了「獨我論」（egoism）的心態則將永遠是庸俗或粗糙的，若盧梭（Jean Rousseau, 1712-1778）者流亦不能免於此譏。惟道家的「自由主義」或「自然主義」乃是從蕩相遣執、融通淘汰的實踐中，證成一豁達之心靈，並據此豁達之心靈以說明原有之人性即是如此的自由自在，並與廣大悉備之宇宙乃共生共榮、普遍和諧者。道家所說的自由或自然就是有此化解的工夫和超越的境界，所以不會落入此一窠臼。有關道家的義理性格本書在〈後現代的教育思維〉中已做披露，敬請參考。

註②　牟宗三說：「若不能意識到它的理想主義的根據，則自由的表現常是消極而散漫的，孤僻而不識大體的，隨意泛濫，流放自私而忘掉是非的大標準的。」這是對時下之以自由爲號召者最強烈的忠告

和批導。見牟宗三《生命的學問》頁二一四～二一五，台北三民，1970

註③ 《論語・述而》孔子說：「默而識之，學而不厭，誨人不倦，何有於我哉！」又說：「二三子以我爲隱乎？吾無隱乎爾！吾無行而不與二三子者，是丘也。」

註④ 詳細的意義請參見本書〈論教育的常道與典範〉

註⑤ 〈迎向人文化的教育新象〉原見《鵝湖月刊》第 242 期，1995/8，現收錄在陳德和《生活世界的哲思》頁三十九；〈締造一番漂亮的教育改革〉刊載於民國八十四年九月廿七日《中央日報》的〈副刊・長河版〉

註⑥ 牟宗三認爲「隸屬原則」是非現代化的，它表現在政治是極權專制，表現在中國過去的社會就是強調三綱五常的大家長制。參見牟宗三《時代與感受》頁一一三～一一五，台北鵝湖，1984

註⑦ 《論語・子張》子夏說：「仕而優則學，學而優則仕。」可見子夏原認爲出仕與爲學是一樣重要而無等第之分的，且衡之以儒家義理，子夏之言蓋不離孔子修己以安人及立人達人的本義，徇非將從學視爲仕途的預備者，今世人不能如實了解孔門義理，反多加臆測並妄肆菲薄，誠是可惜。關乎「學而優則仕」的諦解筆者之〈論學者從政之道〉早有說明，參見陳德和《生活世界的哲思》頁六三～六七，台北樂學，2001

註⑧ 牟宗三肯定「對列原則」才是現代化的原則，並認爲它可通於《大學》講的「絜矩之道」而爲眞正

的道德或常道。參見前揭書頁一一二～一一三

註⑨ 參見黃俊傑《大學通識教育的理念與實踐》頁一三六～一四六，台北中華民國通識教育協會，1999

註⑩ 同前註頁一四八～一六二及頁一六二～一六四

註⑪ 揚雄在《法言・君子》曾說：「通天地人曰儒。」從漢代天人感應的思想特徵以及揚雄從氣論性的自然人學而言，這句話也許在義理內容上未必能夠完全符應儒家天人合德或天道性命相貫通的本懷，不過儒者之不可自我封限，揚雄固知之矣

註⑫ 筆者對儒家「創造性人文主義」的理解與詮釋，請見本書第一章之〈論教育的常道與典範〉

註⑬ 參見牟宗三《中國哲學十九講》頁四十五～五十

註⑭ 有關「教育基本法」的主要內容、精神理念及其對台灣未來之教育所展示願景，在本書〈論教育基本法的啓示〉中已有闡釋，其全部條文則見於本書最後之附錄。

註⑮ 筆者之〈確保大學教育的格調與品質〉原見《鵝湖月刊》第 300 期，2000/6，現收錄在《生活世界的哲思》頁四十三

註⑯ 時下由於媒體的報導不夠周延以及坊間的道聽途說，常誤以爲大學聯考自民國九十一年「大學多元入學方案」實施之後就全面廢止而走入歷史，其實新方案是將它列入多元管道中的一種，所以在形式和實質上它依然是存在的

註⑰　現代學人中以抗議極權和批判威權著稱，並被譽為「當代新儒家之勇者典型」的徐復觀先生，在彼時關於簡體字的論戰中，即曾在民國四十三年六月的《民主評論》中發表〈懶惰才是妨礙中國科學化的最大原因〉一文，認為羅家倫等人以正體字書寫麻煩會妨害科學發展為提倡簡體字的理由，乃是不恰當的，如今看來徐先生的批評還是擲地有聲。該文後由何步正和鄭臻收錄在《徐復觀文錄》的第四集，台北環宇，1971

註⑱　筆者之〈黑白混淆與語言治療〉一文對此曾做過反省，該文原載於《鵝湖月刊》第252期，1996/6，現收錄在《生活世界的哲思》頁一〇七

註⑲　何佩群輯譯《德里達訪談錄——一個瘋狂守護著思想》頁十八，上海人民，1997

第四章　臺灣教育的哲學教學

壹、明明德在當代教育中的意義

一、生命的現象與生命的意義

從哲學的立場看，生命可以有兩個面向：一個是生命的現象，另一個是生命的意義；前者是實然的，後者爲應然。《莊子．大宗師》說：「夫大塊載我以形，勞我以生，佚我以老，息我以死。」文中提到的形、生、老、死和載、勞、佚、息等，就是生命現象的整個輪廓。〈大宗師〉接著又說：「故善吾生者，乃所以善吾死也。」此善生善死則是生命意義的呈現。

原來莊子認爲人生在世乃造化的事實，這個事實又必然是個有限的歷程，關乎此每一個人都只能面對承當而不可以有任何的選擇或抗拒。然而它的事實存在卻並不等於直接宣告人生是荒謬的，因爲我們即使無以改變此一生命定之實然，卻可以坦蕩地立足在事實的層面，然後藉此事實的現象爲載具，努力表現出應有的價值或理想，例如善生善死就是。善生善死是「不知說生，不知惡死，其出不訢，其入不距，翛然而往，翛然而來而已矣」的人生，①它不耽溺、不拘囿，將一切的利害得失都置之度外，甚至連死亡的驚悚亦能釋懷，所以能夠無障無隔地與物共榮。這種和諧、逍遙的境界絕非生命現象所自有，而是得之於「爲道日損」的努力及其所證成之化解的智慧，老子形容它是「無爲故無敗，無執故無失」，②莊子則曰「和之以是非而休乎天鈞」，③凡道家式的關懷皆類乎此。

生命現象與生命意義除了是實然、應然的不同外，還可以從條件關係上做區別。存在主義者主張「存在先於本質」，此中之存在和本質是如何界定、怎麼理解，自然有其反省的進路、言說的背景以及脈絡中的意義，我們不一定都和它相同的論調，但顯然的如果沒有生命現象做前提的話，就不可能有生命意義的朗現，即以儒家之捨生取義、殺身成仁爲例，總得先要有「生」可捨、「身」可殺，然後才有「成仁取義」的可能；此外，一個人假如身體不健康，那麼對「人文化成」的事業、「任重道遠」的貢獻勢必會有心餘力拙的遺憾，相對地也將拖累其生命意義的實現。因此如何護持生命現象的健全以爲其所用，無疑是營造璀璨人生所不可或缺者，惟彼乃「有之不必有，無之必無」的關係，所以前者是後者的必要條件而已。

二、當前生命教育的現狀與盲點

生命現象的確是展現生命意義的必要前提，若生命現象完足就比較容易為生命意義的拓揚帶來方便。然而生命現象畢竟是中性的，人生是不是荒謬、是不是合目的性並不由它來賦予或決定。荒謬或目的等語詞很明顯地都帶有價值判斷的意味，所以屬於應然的問題，換句話說，這是生命意義檢討的範圍。由此看來，一個完整的生命教育並非指生命現象的健全照顧而已，更重要的它還要有意義的喚醒。惟筆者仍需強調，所謂生命意義的喚醒，亦不能光內在地以生命現象為中心做思考，它必須進一步超越此界限，而在精神層次上多做啓示和指引，這才合乎教育的義諦。

如果把生命教育的範圍僅僅定位在生老病死等生命現象的維護，就是健康教育或廣義的醫護教育。至於聚焦在生命現象的意義探究就不止於此，它直接的表現是生命倫理學（bio-ethics）或生命醫學倫理學（biomedical ethics）的教育，間接所涵蓋的，則泛指一切以生物學、生理學、心理學為基準而做的行為解釋及其輔導理論，如行為主義、精神分析等皆屬之。

惟總的來說，不論是直接或間接者，它們都不外乎科學中心主義的立場，同時具有強烈的實證性與功利性。台灣現在所大行其道的生命教育固然理趣多端而衆說紛云，④但大概來說幾乎都是屬於這一類型而難得有少數的例外，甚至最近逐漸蔚爲風潮的生死學研究，本義上雖然有其哲學人類學的深邃根據而可免於一曲之譏，但是從目前所展露的實際情況總不離於「臨終精神醫學」（thanatological psychiatry）或「臨終關懷」（the rights of the dying）的主軸看來，似乎也難逃此窠臼。

我們並不懷疑科學的貢獻，我們更相信人的可探究性和可塑造性是多元且複雜的，所以需要集思廣益的反省與開發，然而我們擔心和不滿的是，在當前國內中小學師資的養成教育中，卻唯我獨尊地以科學主義爲中心而不遑他顧，影響所及是大部分的老師們就只認同這一套的思考模式，也只習慣於用這一套的理論做施教的標準，如此之「唯科學主義」的一元化取向，顯然和教育的多元需要是背道而馳的，由此我們亦不禁要懷疑，目前台灣中小學中的生命教育以及輔導理論，它到底有沒有足夠的力量去承當人格教育的理想。

三、明明德在生命教育中的地位

「尊重生命，愛惜自我」是大家耳熟能詳的，許多學校也常拿它做生命教育的標竿。可是生命的內容是什麼?自我的意義又在那裏?像這種更根源性的問題,在現前的生命教育中幾乎被忽略了。孟子說:「人之所以異於禽獸者幾希。」⑤他不是在類概念上做人與動物的區分,而是以超越的反省,從價值層次凸顯人性的尊嚴,激發人心的理想。可是對絕大多數的現代人而言,像孟子的這種思考卻是非常陌生的。現代一般人每每習慣地認爲:生命不過是活著過日子,自我則當以有情有欲有感覺的身體反應爲優先。

以感性爲優先的生活態度,我們不敢說它絕對錯,但它畢竟見道未深,甚且如果有人還想當然爾地以爲這就是全部生命的眞諦,那就不免庸俗膚淺、無聊透頂了,理由就在它只環繞在現象上談刺激及感受,並沒有向上企慕的超越自覺。很遺憾的是,這種膚淺的幼稚病正方興未艾地在台灣社會各角落快速蔓延著,也正因爲如此,方才使得「只要我喜歡,有什麼不可以」的廣告詞會無遠弗屆的到處流傳,甚至某些人還不離本行而自我揶揄地說:「只要我還可以,有什麼不喜歡的。」

假如具有「貪著之衝動」的我是唯一眞正的我,且凡是我所意欲的對象及行爲只要不違背法律規定,任何人就不能加以干涉或阻擋的話,那麼對信奉這些教條的人我們就要不客氣的指出,即使他們高喊著「青春不要留白」、「人生有夢,逐夢踏實」,終究免不了王陽明所謂「順軀殼起私念」之譏的。「生活要光鮮亮麗,表現要超炫耀眼」,這已然是時下青少年流行的價值追求，但是我們所看到的光鮮亮麗卻絕大部分是表象的，所謂的超炫耀眼也常限於感官層次罷了，「尊重生命，珍惜自我」竟然是如此的詮釋，誠令人唏噓不已，語云：「害莫大於浮淺」，其此之謂乎！當我們的青少年會不斷出現飆車砍人的行爲、會接二連三結夥搶劫時，我們實在不能不對現行學校中的生活教育及生命教育感到失望，也忍不住要爲唯科學主義的蠻横與不足提出強烈的抗議，同時我們要肯切呼籲教育行政主管單位，必須重新檢討我們的教育策略，讓我們的教學與教材能跳出唯科學主義的迷思，我們也願意具體指出，基於文化的傳統以及學科教材的横向聯繫，儒家的「明明德」教育，可以是一個針砭時弊的金匱要略。

四、開創明明德的新義

儒學是一種成德之教，一個人的德行如果能夠充其極的實現，儒家就稱他爲聖人或大人，所以儒家的成德之教也可以說是大人之學。儒家經典之一的《禮記》就有一篇叫〈大學〉，講的就是大人之學。〈大學〉開宗明義說：「大學之道，在明明德，在親民，在止於至善。」「明明德」之爲成德之教的理想就楬櫫於此。依儒家的義理，「明明德」的意思是：「充分彰顯人之所以爲人之內在的道德理性，使之在己立立人、己達達人的實踐與進步中，日新又新地圓現了人格、人性的光輝，並讓此光輝普照於全天下。」從教育的本務來說，儒家這種踐履篤實的弘願，的確有它偉大的啓發性，今筆者願意再指出，「明明德」是亙古常新的眞諦，世人如果眞的關懷時下的教育、在乎生命的理想，就應該嚴肅面對它，認眞發掘它的意義和價值。

不可諱言的，素來「明明德」的教義乃側重在德行行爲的養成，甚至是以道德爲唯一的訴求，相較之下，對知識的重要性顯然缺乏鞭辟入裏的反省，至於職業技能的陶冶培訓和身體心理的醫護調養，它更是存而不論，就此而言，拿「明明德」做爲生命教育的唯一教材，容或不足，且難免招來「道德一元論」或「泛道德主義」的質疑，⑥如果將它當做教育實施的唯一圭臬，基於全幅人性之開展的要求來說，也是不完備的。職是之故，就難怪乎在蜂起雲湧的後現代浪潮中，以「明明德」爲一尊的教育主張，很容易被顚覆和解構。

可是我們卻堅信，「明明德」終究是不可須與離也，因爲它眞正關懷到人的存在意義、眞正要去實現每一個人的目的，這是完全符合了教育的本義，更是一個充滿理想性的生命教育內容所必須具備的，因此它彌足珍貴。當然從「反一元論」的思考而言，我們除了不能再步上唯科學主義者的後塵而以暴易暴地誤將「明明德」意識型態化外，也不能再一味拘泥著它的原始本義以免重蹈傳統的覆轍。換句話說，提倡「明明德」並不是要取消其它的存在，

「明明德」必須揚棄「唯道德主義」之僵固的保守立場，活潑潑地表現出開放與包容的特性。事實上「明明德」之相應於當代的多元化取向所做的典範轉移，這不但不違背其本然的關懷，而且是它所必函的。

五、成就道德與道德成就

「明明德」的典範轉移，就是希望能夠超越傳統之「唯道德主義」的流弊，從「成就道德」創造地轉化為「道德成就」。同時這也是它避免意識型態化及「泛道德主義」之批評的唯一出路。

所謂「唯道德主義」就是僅僅一味鍾愛著道德、以道德為全部之價值的一種主張或態度。唯道德主義者意識到「道德之在其自己」的重要性而認眞去肯定道德，這種擇善而固執之的自覺乃充分表現人性的高貴，可惜他們忽略了道德更應當是「對其自己」和「在而對其自己」的道理，寖假以漸竟然遺忘道德原本可有之「參贊天地之化育」的豐富性，而永遠只能夠單純或單向的針對道德以成就道德，傳統的儒學之所以為現代人所詬病，大概就在於此。

上述這種單純或單向的針對道德以「成就道德」乃不等同於「道德成就」，因為眞正的道德是開放而創造的，所以若是眞的要達成「道德成就」的目的，就必須要積極實現道德的開放性與創造性，然而單純或單向的針對道德以成就道德並不具備這種豁達。它雖然不一定有排他性，但是對於道德以外的人性價值之開顯來說，終究是消極不主動，即此一念而難免造成遺珠之憾，從過去儒家在歷史中的表現來看，他們的確有此不足。

過去儒家所表現的不足，其實從學理論述的氣氛中即可以發現其端倪。舉例來說，如〈大學〉講治國平天下之道，最後是歸諸於「明明德於天下」，而所謂「明明德於天下」卻不外乎是「自天子以至於庶人，壹是皆以修身爲本」，重點既然是在這裏，所以儘管還講「格物致知」，卻仍然離不開純道德視域的觀察和反省；又如〈禮運〉講天下爲公，重在強調人人當有士君子之行，藉以實現「謀閉而不興，盜竊亂賊而不作，故外戶而不閉」的大同世界，其中雖然涉及到「貨惡其棄於地也」的思考，但實質上所關心的乃在分配上的公平與正義，而不在利潤的創收與增加，所以還是以道德爲首出，其他則不遑多顧。

誠然像〈大學〉和〈禮記〉這樣之只能從道德教育講政治、以及若且惟若地以化民成俗來規定治國平天下的內容，是絕對不能窮盡當代的國家意義並實現其義務的，這都是受囿於「道德之在其自已」的唯一態度所導致的。筆者之所以主張「明明德」的理想必須對應時代做典範的轉移或必須擴充引申其意義，正是希望能扭轉過去的消極與不主動，使它成爲一切價值的保障，這時候正需要一種「創造的轉化」但又不離其宗的思考。⑦

六、實現全人教育的理想

在哲學的領域裏，現在有不少的專家學者努力嘗試將儒家的道德原理證成爲存在原理及實現原理，藉以說明與超越眞幾齊一同德的仁心良能，它既是成聖成賢的保證，同時也是開天開地的根據。這種探討和努力非常重要，也給予我們很多的啓示。

但是現在我們暫且不去考量「明明德」的自覺如何可以說明「順則開天開地，逆則成聖成賢」的理由，而是要具體的指出，新思維下的「明明德」思想在教育上、尤其是生命意義的啓發上是必要的。因爲這種「明明德」的教育不會封限在現象中談生命，它除了要讓學生體貼證成道德的重要性和必然性並責其篤志力行外，同時也要提醒他們該當平心審視人類在道德以外的種種成就而生嚮往之願。根據前者，我們乃以達成行爲教育爲目的，根據後者，我們則有效的使「明明德」的修養轉化成爲一種催化的力量，這種力量雖然不一定是生發道德以外之價值的本質原因，但是它卻可以主動激揚學生在道德價值之外之未有而求己之能有、未至而求己之必至的創造衝動。尤其重要的是，我們更相信由於有了「明明德」做根本的薰陶，當學生在努力付出之下依舊有某些學習目標是他不能成、不能至時，他們終可將此缺憾轉爲尊重與珍惜，並對別人之能成、之能至者表現最大的虔誠。上文曾謂「尊重生命，珍惜自我」乃學校生命教育常見的圭臬，其眞正實現，當莫過於此。

總之，「明明德」的教育是志在啓迪人性全幅開顯的教育，它的直接效果固然是道德的，但是它同時可以敦使學生關心、認同、欣賞、保愛人性的其他價值，如知識、藝術、工技、民主等，此外，它也能夠鼓舞莘莘學子基於厚生、尊生、護生的道德理由，主動參與醫護教育、職能教育的發展與進步，讓個人和社會在義利兼顧的情況下一起調適上遂。「明明德」的初衷和本懷，一言以蔽之就是要興發學生通達的慧識，讓學生成爲整全的存有，今天大家都承認全人教育的重要性，若「明明德」其庶幾矣。

貳、通識理想與哲學教育

一、通達的慧識

人生在世絕不可能只是孤峭獨存的個體而已，每一個人都是在天地人我的互動和關懷中成長茁壯，假如疏遠了自然宇宙、悖離了社會群體，那麼「我」也將被抽取掛空而變成斷潢絕港的游魂。由此可見「主體性」的建立乃是經由物我間際的相互交往、同體感動而證成，徇非固執於主、客二元的隔絕對立所凸顯者。「主體性」其實就是「互爲主體性」或「主體際性」。

正因爲主體性／主體際性才是人的眞正意義，所以自我的實現亦必是關注在生生不息的宇宙洪流中，與世偕行、與時偕極地共存共榮，《易．乾卦．文言傳》曾說：「夫大人者，與天地合其德，與日月合其明，與四時合其序，與鬼神合其吉凶。先天而天弗違，後天而奉天時。天且弗違，而況於人乎？況於鬼神乎？」就是最好的表達。因此從教育的觀點而言，如何誘導學生具體彰顯其整全的生命觀、價值觀、宇宙觀以及開明而負責的處世態度，乃是重要且必要的。換句話說，一個成功的教育應爲十字打開、道器合一之全向度啓發的教育，它要求學生能養成融通的智慧以曠觀宇宙人生的眞諦，並希望大家以豁達的見識來包容成全歷史文化的眞善美聖。

融通的智慧和豁達的見識本是一而二、二而一的，所以合稱之曰「通達的慧識」，簡稱爲「通識」。⑧「通識」當然不是定執定見的情識，也不專屬於那一種學門領域的觀念理論，它更非僅以精通各種知識或是將各種知識做整合串聯爲最後的目的。「通識」是人在「去本位」、「反一元」的思考下所貞定的開放性胸襟或器識，它主動地肯定、接納一切知情意的成就而不偏廢之，既不自限於專家或專業的威權獨斷，也不封閉在分門別類之知識性、實用性、技藝性的管見中，西漢史學大家司馬遷曾說：「究天人之際，通古今之變」，⑨揚雄亦主張：「通天地人曰儒」，凡此才是對通識的恰當定義。

「通識」之爲理想的教育目的，在中國的人文精神中早就得到共識，例如孔子說：「君子不器」即爲典型的代表，蓋君子已然是「所存者神、所過者化」的天地人格，⑩他之能「範圍天地之化而不過，曲成萬物而不遺」，⑪又豈可以一曲之見的專業或專家來形容呢？

台灣的大學校院是從民國七十三年九月起，正式開始全面實施通識教育，目前教育部有常設的任務編組機制做定期性的協調督導，各校則分別成立專責單位來擘劃和執行，有些學校甚至將它定階在校級的直屬中心或等同院級的層次，以靈活資源的調配互動並彰顯其地位的重要。⑫產生這項變革的直接的原因，固然是爲了配合大學教育普及化的潮流以及彌補向來過早實施分科教育的缺失，其實同時也符應了教育的本義。

二、通識的教學與教育

教育部之開始明令全國各大學校院實施通識教育，確實代表著台灣高等教育新時代的來臨。然而弔詭的是，當下儘管通識的理想日益獲得廣袤地贊同，表面上大家也幾乎都承認通識課程的存在必要，但實際的通識教學卻在主客觀條件的制約下，顯得百般無奈與力不從心。

考諸原委，則以共事者理念的分歧或理論的貧乏導致學習方向的偏頗，以及專業主義之掛帥而扭曲和壓縮了成長空間，爲造成發展瓶頸的主要因素。

國內對通識教育的研究和宣導，其實是不遺餘力的，但是效果卻令人懷疑，因爲我們清楚發現理論和實際的嚴重落差。通識的本義如前所述乃是通達的慧識，那麼通識的教學內容首先應當著重在心靈的開拓和器識的恢宏上，千萬不可只局限於知識的灌輸。且上課時我們固然不能不用認知性的講解以做爲方便的手段，但最後所企求的理想，則務必貼合於人性人格的整全實現。

基乎此義，通識的教材應該具有宏觀性和統整性，教法上更必須能夠啓發學生多元的反省和意義探尋的興趣，筆者所提倡的「創造性人文主義」的通識教育理論，即緣此而發。可是令人遺憾的，就當下所見的一般現象而言，由於受限於國外之均衡主義和進步主義的思維，以致「認知導向」一直是通識教學之課程安排和授課方式的主流價值，情意的啓迪則成了聊備一格的附屬，此不啻影響了通識理想的落實和建立。

國內的通識教學還有一個更大的難題，就是主事者其實並沒有努力去成功說服專業主義者的認同，反而常常棄守原則、折衷妥協，致使寖假以漸地造成自我的扭曲和異化。

凡堅持專業本位的，不管是認知主義的擁護者或實用主義的同路人，在心態上他們本來就是常把通識理想當作是高調或不急之務而與之對立的，因此不免會以維護各自系所的權威和地位做出發點，分進合擊、聯手逼問通識教育獨立存在的理由。

不可諱言的，現今的大學校園環境中，無論通識單位的位階有多高，當面對衆多的專業系所時，永遠是勢單力薄的弱者，在這種宿命下，它面臨對方的挑戰逼迫就唯有放低姿態來尋求和解。實際的情形是，通識單位往往只好委曲求全地多開初階性和概論性的知識學科，儘量扮演預科或龍套的角色，以滿足各專業科系的基礎需要來換取自己的生存空間，如此一往而不返，通識竟然演變成「普通常識」、甚至是「普通嘗試」，上焉者已然成爲各專業科系的附庸，下焉者更淪落爲討好求饒的營養學分大本營，結果不管是單位本身或是教學者的尊嚴都直接受到傷害，眞是情何以堪？

三、隱性的通識教育

在傳統的教育思維中，道心德業的興發啓迪才是最重要的。換句話說，教育的本義就是人文教育，教育的理想就是在充極實現全人的境界與理想。至於全人之可敬可貴並不在於技藝和知識的無所不能、無所不精，而是他生命人格的無限暢通能自在地協和萬物，所以《中庸・第三十二章》說：「唯天下至誠爲能經綸天下之大經，立天下之大本，知天地之化育。

夫焉有所倚？肫肫其仁，淵淵其淵，浩浩其天。苟不固聰明聖智達天德者，其孰能知之？」總之，全人即是胸懷天地人我的大人，其心量德量必是通天下之志、成天下之務者。

全人大人既然是以通天下爲志、成天下爲務，那麼「大」人之「學」當是著重在氣度修養的錘鍊，因此《大學》開宗明義就說：「大學之道，在明明德，在親民，在止於至善。」它懇切地提醒讀書人必須放大心志而以修己安人、成己成物爲自我實現的終極成就。凡此可見，我國古時候的大學教育，它最重要的任務是在啓發和成就人的通識理想。

至於現代化的大學教育乃是深受西方的影響，明顯帶有強烈的知識性格，所以不必全然模仿古代的精神，但它卻依舊無法違背上述的道理。其實向來在台灣的大學中早就隱然存在著通識的教育和理想，而不必等到民國七十三年九月以後才開始陸續出現。當然那時候的通識教育終究是隨機性的，也是非體制性的，此或可名其爲「隱性的通識教育」。諸如此類之隨機性的、非體制性的通識教育，在過去主要是由文學院中的文史哲系來擔綱的，尤其是以發揚「中國人文精神」爲訴求、不設限在「中國文章文藝」之研究的「中文系」或「國文系」最能展現這種氣度和抱負。

原來在中國的人文思考中，知情意是有機的統一，天地萬物也是和諧共榮的存在，所以中心主義的形成和知識化的割裂都是盲爽發狂者，它之悖離生命本然和生活世界的眞實，歷來就被傳統士人認定是莫大的危機而引以爲戒的，莊子之所以告誡我們：「道隱於小成，言隱於榮華。」（〈齊物論〉）宋儒張橫渠之所以要區分德性之知和聞見之知，並將前者歸諸天地之性，即根乎此義，而中文系或國文系之以其中國學問的嫡傳身分，對這種戒愼恐懼自然會有深切的體認。

中文系或國文系之推動隱形式的通識教育約有兩個進路：一是在系內專業課程的設計上，完全具足辭章、義理和考證的要求，也就是經史子集兼備，文史哲共存；二則藉由全校共同必修之大一國文，將相關的教材和教學帶入其他各系中，使其醞釀發酵，因產生迴響而達到理念的推展與示範的目的。當然在這種非體制的情況下，比較多的是潛移默化的作用，實際成果並無法預期和評量，而中文系或國文系的過分龐大，也成了校園中的獨特現象。

中文系或國文系能夠有這種承擔和自覺，的確是難能可貴。這裏另有一個值得留意的問題是，中文系或國文系之自我定位爲「中國人文學系」而不願以「中國文藝學系」來限制自己，不外乎是基於一種全向度的反省，而這種義理的關懷在本質上和哲學乃有異曲同工之妙，因爲哲學所從事的正是一種根源性、普遍性的探究工作，兩者固不乏類似的思維傾向。由此我們可以了解，所謂不自我設限、自我窄化的中文系，其實就是因爲它富有義理性或哲學性的反省能力，義理性或哲學性使它能夠舍我其誰地主動挑起歷史的責任和教育的使命。

四、哲學的專業性與通識性

文學院或中文系、國文系所進行的隱性通識教育，在體制化的通識教育正式實施之後開始呈現萎縮的改變。其實隱性和顯性原本可以內外輝映、相得益彰的，但是由於通識單位的依法成立，全校資源必須重新分配，龐然的中文系或國文系乃一再地被要求瘦身，於是造成一定程度的緊張關係，由此直接激發了中文系或國文系內部某類學人回歸專業的本位思考，也讓二者共通的理想開始產生莫須有的區隔。

中文系或國文系的專業導向現在似乎是已然成風，典型的做法是逐漸刪減非辭章類的科目或學分，子書或思想課程尤其首當其衝。它們以爲不需要再像過去那樣背負著人文教育的沉重包袱，因爲既然知識學門的分化是個不可抗拒的事實，現在通識教學又另有權責單位在主導，那麼原屬於歷史的「考據」就歸給歷史系，屬於哲學的「義理」就歸在哲學系，自己只要保留中國文藝文章、亦即「辭章」的研究和探索就完全合乎「中『文』系」或「國『文』系」的本義了。

相對於原本的整全性思維和架構來說，如是之專業化但其實是窄化的中文系或國文系，顯然是出於撤退式的防衛而做的改變，這種自毀長城的駝鳥心態表現在素來即自我設限爲「中國文藝」的系所最爲嚴重，當然台灣文學系的方興未艾、來勢洶洶，也是讓它們寢食難安，而不得不做出如許因應的主要原因。

不過在獨衷文藝專業本位的風潮下，能始終不渝地挺身迎向八方風雨者仍然健在，其中亦不乏逆向操作的中流砥柱者，例如某些中文系或國文系正朝向一系多所的願景去發展，在它們的未來規劃中，同時包括了文學、哲學、美學、藝術、語言等多元的人文承諾，凡此都令人欽佩和喝采。相形之下，我們覺得名正言順地負責哲學教育、啓迪普遍關懷的哲學系所，在這時候不但不能讓別人專美於前，而且更要有承當的自覺才對。

假如哲學的理想，是在喚醒人對存有的呼應，而存有又是豐富的奧藏的話，那麼對於開顯人的全向度關懷而言，它就永遠不能置身度外。中文系或國文系在隱性時代的通識教育中，曾用中國人文的整體性思維，貢獻過它們的心力，如今顯性時代的來臨已然改變大學教學環境的既有生態，當專業導向使人逐漸從通識氛圍淡出時，哲學系就只有擇善固執地勇敢介入。因爲弔詭地說，哲學之做爲一種專業原來就是要批導專業所造成的斷裂隔閡而以整全的回歸爲然的。

哲學教育的眞正目的，應當是在解放人的視野，讓他們能夠觀山觀海觀天地，而不只是學會兩眼朦朧盯六經，做一個硜硜自守的學究而已。哲學的專業是在提醒人不可以分門別類的知識專業爲一切的標準，也不可以孤芳自賞地陶醉在專業知識的滿足中；哲學只承認普遍性要求，它正是反對寡頭獨大而主張一體平鋪、萬理燦著。總之，哲學的專業性就是通識性，專業／通識的學術性格，必然使它不可逃避通識的責任。

五、哲學系與通識教育

現在也是個實用主義高漲的年代，各大學中管理、資訊、財經等院系莫不人聲鼎沸，文學院的地位則一落千丈，每個人文科系的經營都非常困難，尤其哲學系更是冷門中的冷門、弱勢中的弱勢。它不但面臨學習人口嚴重流失的危機，同時籠罩著後繼乏人的陰影。然而哲學系之所以深陷苦境，其只知專業、不顧通識的自亂陣腳，其實也是難辭其咎的。

哲學的專業性應當是在成全通識的理想，然而在現實上我們卻發現哲學系對通識並沒有特別的關注和投入，所開立的通識課程，亦不能免俗地流於「普通常識」或「普通嘗試」。這或者不全然是主觀意願之不爲也，而是受制於客觀情勢之不能也，但無論如何，哲學系還是要更積極才對。

從技術和就業的層面來看，哲學的確是百無一用的，然而哲學讓我們理智靈活、思維嚴謹、認知清晰、心靈豐富、態度超然，像這些難道不是另外一種用嗎？再說哲學所從事的是後設的反省，所以誠摯的哲學研究可以讓人同情地曠觀古今、平章百代而不落於一家之見的窠臼，這又豈是其它專業知識所能及的呢？可見哲學的所成就的是一種無用之用，而無用之用才是眞正的大用，因此從事哲學研究應當是一種尊嚴，進哲學系也應該是一種驕傲。

職是之故，我們主張哲學系所內部的專科教學，一定要能夠讓學生充分感覺到這種尊嚴和驕傲，而不只是在乎他們是否熟悉或記憶那個哲學家、那個哲學流派的觀念和系統而已。換句話說，在傳授專業哲學知識的當下，應該同時開啓通識的理想。筆者相信，亦惟有如此，才可以避免學生產生上不在於天、下不在於田的尷尬，並且願意根留哲學。

再者，對於通識的課程規畫和教學實務，哲學系所更要熱烈而主動的參與，甚至將它當作另外一個分系分所來認眞經營，因爲不少的讀書種子正等待我們去發掘，只要耕耘者不輕易放棄，人心絕不可能永遠喚不回的。同時科目名稱千萬不要拘泥在專家哲學的名相下做陌生冷僻的標定，以免使得外系的學生看得滿頭霧水而萌生退意，上課內容也不能老是停留在哲學知識的簡介、思想流派的淺說、思維方法的泛論、人生價值的概述等陳腔濫調上，而要用具體的、籠罩的、凌空的方式，提升放大學生的學習視野和關懷領域，導引他們用濃厚的興趣有效發現生活世界豐富多元的盈盈美善，並對人間百態生起肯定保愛之心，凡此才能符應通識教學的需要，進而實現通識的理想。

六、邁向哲學／通識的未來

台灣的大學校院到民國九十年上半年時已經高達一百三十五所，在學的學生含博碩士班則超過五十三萬人，而且數量還繼續在成長中，最近教育行政單位則又認眞思索擬構社區大學納入正常體制的可能。從如此高密度的分布來說，大學教育已經不再是過往的少數菁英教育而全面普及了，新〈大學法〉之所以不同於舊〈大學法〉之僅將大學的教育目的定在培育研究高深學術的專門人才，並同時強調文化的提升和社會的服務重要，也客觀反應了這個全民化的趨勢。然而儘管事實如此明顯，但由於舊觀念的根深柢固，所以專業主義仍然盤據在校園中久久難予衝決，此乃造成現今通識教育舉步維艱的最大阻力。

另外，哲學系所則是在實用主義、功利主義的鯨吞蠶食下，已然變得奄奄一息。它自己又大意地忽略了通識理想的應然性和本質性，一味陷溺在認知主義和專業主義所交織而成的網羅中以孤芳自賞，縱使被外界譏諷爲難能而不可貴者亦樂此不疲。惟如此一來，既不能興發學生的通慧、使其明白無用之用乃爲大用的眞諦，又無法提供他們出校門後的謀生技術和就業準備，所以學習意願低迷而人才乃紛紛另謀他路，若一時轉系不成者，亦不免心存觀望、伺機而作，愛智之門庭竟然會是如此的淡薄與冷落，誠令有心人士歔噓不已。

不過危機常常也是一種轉機。今天通識教育和哲學教育都同樣面臨慘澹的窘境，那麼彼此間的尋求互補互助，應該是共創生機的不二法門。具體地說，哲學必須充其極地發揮其專業／通識的原有性格，以宇宙人生、歷史文化、社會群倫等全向度的意義開拓為己任，從超實用主義、反本位主義的示範中，喚起學生的認同與尊嚴，並留住可造之才以教育之。相對的，通識原本就是人文活動的共同理想，彼此保有一貫的親和性，如果再樂於邀請哲學的參與，必定能夠繼續深化理論的研究而鞏固信心，並進而昇華自己的客觀地位。

總之，哲學如果願意宏大而闢、深閎而肆地自我調適以復歸其極，則不但可以給自己創造機會去提振人氣、重拾人心，讓自己能夠破繭而出、再造新猷，同時並將因為這種調適恰可有效幫助通識教學的一臂之力，從而容易獲得允許進入通識的陣營去擴大版圖，此又十分裨益於未來的開拓成長；假如通識想要堂而皇之地站穩腳步、迎向前去，就不得不倚賴各類人文思想的滋潤與順成，尤其是來自哲學性之反省與開示所建構的理論奧援。哲學系所和通識單位彼此的攜手合作，確實是理上之必為以及勢上之所不得不為者，其同體而異用的實施成就亦將可貴可觀焉，若然者，則又何樂而不為呢？筆者乃深切期待我國高等教育的發展中，能夠成功締造哲學／通識的新未來。

叁、開啓中等教育的哲學大門

一、哲學沒落的時代

自從工業革命之後，人類的生產技術獲得了劃時代地改變，從此戡天役物的迷思就籠罩著整個人類的思想，尤其廿世紀初期以來的世界潮流，經濟至上、科技掛帥更是明顯的事實，到如今廿一世紀的「後工業時代」或「資訊時代」，依然是方興未艾。工具理性的獨大長期以來乃如魔咒般地控制著世人的心靈而成爲世界各國發展上無可抗拒的趨勢。雖然近數十年來因爲反理性中心主義者的絕地大反攻而發生了後現代（post-modern）的覺醒，他們並極力針對這個跨世紀的無明與芒昧，積極展現其大不以爲然的批判和反擊，但是在一味追求現代化以達到享樂之目標的多數人耳裏，依然是言者諄諄、聽者藐藐的，尤其是對那些尚未完全現代化並接受其好處的開發中或未開發的國家國說，更是嗤之以鼻。

凡是對理性抱持尊敬的態度並極力維護理性之價值的人，或許就不像後現代主義者那麼的悲觀和極端，但是他們終究必須承認，現代化的世界確實出現工具理性過度膨脹的疾病，因爲它相對阻抑了目的理性的正常空間，而形成世界與人心的不平衡發展。這種不平衡的發展已然表現出許多偏頗的徵象，其中把人非人化、形成人的自我悖離就是明顯的例子，在當今主流的價值觀中之所以將人若其唯若的定位爲經濟的動物，即緣於這種異化的錯誤。

筆者願意指出，台灣現在之以利潤的創收爲首出、視世俗的功利爲絕對，以及圍繞著此一無限上綱的思維所形成之「效率第一」和「管理優先」的意識型態，也都是這種迷思的典型例子，即以現在朝野間所熱衷討論之「知識經濟」來說，上焉者或許有「知識的意義之一在其能夠提升經濟產能」的宏觀，其固不必如下焉者之「知識的惟一功能在於提升經濟產能」的狹隘與膚淺，但是最終之流弊還是無法避免「能夠提升經濟產能的知識才是重要的知識」的窠臼。

面臨這種淘天大浪的不良環境，學術價值的市場化和功利化顯然是無法逃脫的命運，譬如說在自然科學的領域裏，基礎理論的研究幾十年來就一直沒有科技應用的吸引人，而且還王老五過年——一年不如一年，等而下之，人文學科的不如自然科學及社會科學而被輕視和冷落，當然是無所逃於天地之間，其中又以過去被譽之爲「百學之母」的哲學，處境更爲艱難。

哲學的定義是什麼？它的研究對象是那些？研究的領域和範圍又何在？凡此問題在哲學

界都會隨著哲學流派的不同而衆說紛云，但是說它是知識的知識、理論的理論，除了當代的邏輯實證論者或語意分析學家之外，應該是沒有太大爭議的。事實上在西方傳統的哲學活動中，好奇與驚訝才是主要的動機，純理智的思辨和知性的追求則是無可取代的最愛，相對之下東方的哲人則另有所倚，他們所豁揚的是實踐性、合目的性的智慧，無論儒釋道都緣於慈悲或同情而側重在人道的關懷與人心的點化以開宗立教，如儒家之「爲天地立心，爲生民立命，爲往聖繼絕學，爲萬世開太平」等就是。惟東西哲人的關注面向容有不同，相對於現實利益的獲取，距離卻都是同樣的遙遠，換句話說，哲學是最沒有經濟功能，這是無分於東或西的。是故，假如說在現代的價值觀底下，哲學只算是點綴性和邊陲性的學問，這大概不會有太多人反對，我們無論從哲學人口的急劇萎縮，或者從哲學對文化生態的批導功能逐漸失去其主流的地位，都可以證明一斑。

這的確是一個哲學沒落的時代，但是那些鄙視哲學、反對哲學的人可曾認眞想過，他們這種不以爲然的態度以及所根據的理由，在後設上不也是一種哲學的態度和理由嗎？換句話說，他們究其實還是在表現出一種哲學的立場，所以哲學仍然沒有被取消。事實上，哲學正反映著人類理性的成長能力，不重視哲學，正代表著思想的蒼白以及自覺能力的衰退，假如我們刻意漠視哲學、排斥哲學，就無所逃於天地之間地要接受蒼白和衰退的制裁。

二、反哲學教育的幼稚心態

哲學在這個時代中的命運既然如此的黯淡，那麼以創造經濟奇蹟自傲傲人的台灣，它們對哲學會是怎麼樣的態度是不難想像的，大學新增科系申請中，哲學系所的通過設立一直呈現牛步化的狀態，也就不足爲奇，而中等學校中的哲學教育其孤陋與簡窳，亦是可想而知。

在西方國家，哲學的訓練向來是教育中不可缺少的一環，可是目前也遇到日趨低落的窘態，中學階段要不要有哲學學門之專門類科的教學，現在已經成了見仁見智的問題，甚至在長期的爭議過程中，反對者似乎是越來越居上方。然而在西方世界，哲學畢竟還是有其根深柢固的傳統，所以儘管許多人贊成取消中等學校中專業的哲學科目，惟必須繼續維持哲學教育，還是正反雙方的一致共識。換句話說，哲學雖然退時了，卻因爲它是西方主智主義（intellectualism）的精神指標，所以能如告朔之餼羊那樣被保留，更何況它還存在著思考訓練上的功能。我們現在看到許多對於自然、人性、社會、文化、知識、價值、生命、存在等的深度思考和鞭辟入裏的反省，包括理性主義者、反理性中心主義者、生態主義者甚至是自由主義者之間的精采辯論，都是發軔於西方世界，其實就是拜它們的哲學傳統以及能夠重視哲學教育之賜。

相對於西方世界的堅持和貢獻，實施新教育的台灣卻是令人汗顏。幾十年來台灣教育，不論是政策取向、行政管理、教材設計、教學方法等等，無一不是一味地向西方取經，就在如此全盤西化的過程中，不但固有傳統的文制和排場都被瓦解，甚至連向來最具特色的人文成就也一樣被冷落。假如解紐之後能夠出現有效地重構，何嘗不是浴火重生的美事，然而台灣教育獨獨就在這種盛大的變革中，對於形成西方重智文化的哲學傳統不能充分重視或積極回應，以致使得這項側重在橫向移植的靈魂工程，留下了莫大的遺憾，也鑄下學生不能獨立思考和缺乏自我反省能力的禍根。

當然我們很清楚，從五〇年代以來，台灣的所有考量一直是被政治力量操控著，所以新教育中之獨漏哲學，也是情有可原。然而最令人不安的是，長期以來外力對教育的干涉，似乎已經讓教育人產生痲痺而習慣於這種不當的扭曲，很多人顯然不願再做根源性的反省而甘心接受既有的事實。試看：當九〇年代台灣逐漸走向民主的時候，我們的校園中不是仍然存在著升學主義的作祟、功利思考的氾濫、和政黨利益的維護等不良的因素嗎？而一直將哲學拒斥在外，情願校園中深度的人文思考永遠處在彌留狀態，只以擁有浮華的浪漫爲榮，不也是人所目睹的事實嗎？凡此莫不亟切需要大家的積極反思以求補偏救弊的。

無可諱言的，台灣教育的決策當局，不但自始至終沒有積極地想在中等學校中設置哲學相關的類科，而且在師資的培育與延攬上，不論是過去的師範一元制或是現在的多元證照制，亦不願多做哲學專業的考量，導致在中等校園的實際教學中，儘管存在著豐富的哲學素材，教師們卻因爲不能具足應有的學術素養而無法做出恰如其分地觀念疏導，甚至誤讀、誤解者比比皆是。

至於學校的主政者，固曾不時出現人間之龍，他們能本諸教育大愛以戮力推展全人格的理想而獲得贊許與尊敬，但隨波逐流卻也時有所聞。這些泛泛之輩莫不把自己的權位放在最優先的思考，其長袖善舞者乃以擠身「政治校長」爲榮，於是日日周旋於官員議員之間，只將逢迎吹拍視爲本務，何謂百年樹人則早就置腦後，彼不但不學無術、不堪爲人師表，簡直就是污穢杏壇的害群之馬；另外亦有人雖然不諳於此道，但是功利和庸俗依然如出一轍，因爲他們不能免俗地僅以提升學校的升學率爲辦學的唯一目標，也以能夠出任名星學校的校長爲個人的最高成就。客觀的環境已然壞到如此田地，則期待哲學教育能在當今的中學校園中生根發芽亦難矣哉！

總而言之，哲學教育的缺如是冰凍三尺非一日之寒，破冰之行又在一批媚俗之人的冷嘲熱諷下而顯得困難重重。反對者的觀察所得是：學生有沒有思想、會不會思想這並不是主流的價值，所以也不重要，要緊的是必須教會他們懂得找錢、懂得搞錢、懂得唯利是圖。當代新儒家中最富洞察力和戰鬥力的徐復觀先生曾經痛斥時代的貧乏和無明，他說這是一個不思不想的時代，如果徐老還在，一定會對現在的無思無想更感到百般無奈。

我們對台灣中等教育的批評，絕對不是無的放矢。現在的年輕人常缺乏遠大的志趣和理想，滿腦子充斥的是商品價格和市場價值的思考，許多人早就少年老成地陷溺在物質主義的泥沼中而不知自拔，若一遇挫折則充滿非理性的反射動作，例如自殘傷人的事件現在時有所聞，就是最明顯的病癥。然而這不能完全都責備他們，國人社會給予青年、青少年朋友們的教育不夠周延才應該負絕大的責任，其中最難辭其咎的，是我們的中等學校從上到下都封鎖著學習的大門，不讓哲學越雷池一步，使得長期以來的學生，都在缺乏理性之反省與自覺的錯誤體系中，隨時面臨著幼稚化與庸俗化的危機。因此如何打破現有的僵局，讓哲學教育成爲中等教育中重要的一環，藉由它來深化學生的思考以建立光明正大的人生觀、價值觀，乃是劍及履及的大事。

三、課程標準對哲學教育的設限

從現有的教育生態來說，教育部頒定的課程標準還是高中、職教學實施的依據，所以如果想要了解當前台灣中等學校哲學教育面臨困境的原因，探討現行的課程標準是一個必要的過程。筆者曾經對現行課程標準的架構和內容做了全面的考察，結果發現它其實並不否定哲學教育的存在，例如以高中爲例，民國八十四年十月教育部修正發布的內容中，《總綱》就翔實規定必須輔導學生達成九項目標，其中〈陸〉是「充實人文素養，提昇審美與創作能力，培養恢宏氣度。」〈玖〉爲「增進創造性、批判性思考，及適應社會變遷與終生學習的能力。」這兩個目標的實現也正是哲學教育最關心的。⑬

高中課程除了在總體目標上做出哲學教育的指示外，也設計了配套的科目和教材。我們從目前正在使用的教科書來看，必修的「國文」每冊都會選錄思想性的論文或兼具義理思維的散文，還有以四書爲藍本的「中國文化基本教材」，這個部分無疑是高中哲學教育最重要的基礎；再者「公民」必須上課四學期，它的教材綱目中零星列有文化和道德兩項，其內容必然和實踐哲學、倫理學會有一定的關聯。此外，選修科目的哲學素材尤其直接而豐富，例如「國學概要」包括了經學和子學，「中國文化史」有篇章討論學術思想的演變，「世界文化史」亦多西方宗教、哲學、藝術的論述，最引人注意的是還有單獨一科的「邏輯」。⑭由上可見，現行高級中學的課程標準不但不排除哲學教育，甚至也承認了哲學學科教學的存在可能。

順帶一提的是，明眼人或許會發現，爲什麼前面列舉相關的哲學課程卻未提及「三民主義」呢？其實大家都心知肚明，高中三民主義的教學，乃是以信仰爲首出而致力於黨國意識型態貫輸的思想教育，所以三民主義儘管也可以是一種哲學，三民主義的教育也可以擔負哲學教育的功能，但是現階段高中的三民主義教學顯然已經流於教條和獨斷，完全悖離了哲學的本義，既然如此，所以筆者亦不想對它多說，更何況自從幾年前大學聯考取消三民主義之後，它即隨之被調整在高一上課，成爲聊備一格罷了。

課程標準的確是在形式上展現其不把哲學遺忘的美意，但問題是它終究欠積極，結果落實到執行的層面，往往變成敷衍而已，校園中「去哲學」的情形也就超乎想像的嚴重。筆者在高中服務了七年，非常了解個中的教學生態。譬如「公民」一科雖然在「三民主義」被閹割前爲高一全部和高二各類組所必修，但不論是素來的大學聯考或是即將實施的「大學多元入學新方案」，都不將它列入應考的範圍內，所以長期以來它都只是給授課時數不足的老師搭當使用，或者由兼任行政工作的老師充當鐘點（因爲兼任行政職務的老師上課往往不正常，所以唯有排「公民」課才不會明顯影響學生考試的權益），職是之故，「公民」科的教學常常出現外行充斥的現象，至於學生更是興致缺缺，因爲它無關乎成績，有時連段考都不考的，那麼它的上課品質就可想而知了。

公民科的教材本來就是以社會科學爲主體的，哲學的比重乃微乎其微，如今在教學上又無法眞正落實，所以對哲學教育來說它是一點作用也沒有的。相對之下，「國學常識」、「中國文化史」和「世界文化史」所扮演的角色就重要多了，可惜它們實際的影響力卻依然非常有限，因爲這三個科目只是對第一類組的學生開放選修而已，這還不牽涉到教師的能力問題。

至於「邏輯」更是可憐。民國七十二年教育部修正高級中學課程標準時，劃時代地提出了選修和必修的概念，那時候的選修科目中就有「理則學」的存在，哲學界還有幾位師友愼重其事地被邀請出任編輯委員及撰寫該科的教科書，然而十幾年來幾乎不曾聽說那個學校曾經開過這門課。⑮民國八十四年課程標準又重新修訂，「理則學」被改稱之爲「邏輯」，教材綱要亦大幅翻修，授課內容的規亦臻於完備，⑯但這門課還是在校園中被冷凍，筆者雖然離開高中多年，卻曾經在台灣南北做過簡單的調查，至今發現台北市的麗山高中是唯一有開過邏輯課的學校，所意見徵詢的數位校長，亦沒有人對高中、職學生上邏輯表示興趣者。編訂課程標準之衮衮諸公，其爲道不卒，據此即可知一斑。

樂觀的人或許會理直氣壯認爲：雖然正式的哲學科目如「邏輯」在中學校園不能登陸成功，「國學概要」、「中國文化史」和「世界文化史」中的哲學材料依現有的體制也無法讓全體的學生一親芳澤，但是各類組必修的「國文」及「中國文化基本教材」既然蘊藏了非常豐富的義理思維，那麼我們的學生還是有足夠的機會得到哲學的薰陶才對。

遺憾的是，這種樂觀也被課程標準所否決了。現行課程標準對國文科教學所具體列舉的五項教學目標，第三項對「中國文化基本教材」的規定是：「培養倫理道德觀念、愛國淑世精神」，⑰據此原本可以有一相稱的義理教學，問題是它並非獨立的學科而沒有固定的鐘點，一般教師又只是把《四書》當作修身的語錄和人生的座右銘而已，觀念和智慧的開發又何遑多顧？至於其餘四項針對純國文教學的要求，則完全側重在文書的寫作訓練以及文藝的鑑讀賞析，職是之故，即使是情理交融的文章，老師們也都可以依法有據地只在辭章技巧上多予著墨就算任務成功。試想：如此的國文課，還能夠寄望它發揮哲學教育的功能嗎？

四、師資專業能力的不足

課程標準中選修、必修的設計對哲學教育缺少積極支持，公民科的教學流於形式，國文科又忽略了義理教學的重要，這些都是導致中學哲學教育困難重重的直接原因，然而伴隨課程標準而來的，還有一項最令人憂心忡忡的問題，那就是：制度的不盡合理，使得教師不但在哲學專業的訓練上產生明顯的落差，更阻擋了哲學專業人員進入中學任教。凡此又無異形成推展哲學教育的最大挑戰。

台灣中等教育的師資培育，過去一直是由幾所國立的師範大學負責，各師範大學除了教育學院中有幾個以教育的理論與實務爲研究對象的科系外，其它都是根據課程標準中所定的必修學科爲設系的必要和命名的標準，例如課程標準中有國文、有英語，所以各師大就有國文系、英語系，但不便稱之爲做中文系、外文系。同時按照師範制度的規定，唯有師大本科系畢業或者師大教育學院各學系畢業但依規定兼修規定輔系的畢業生，才有資格被分發到各級中學擔任該學科的教學，並取得學科專長登記的教師證書。

這一套實行幾十年的師範制度，當然有它的長處，但是卻讓各師範大學一直沒有去認眞思考哲學系成立的必要，因爲歷來的課程標準從來就不曾將「哲學」列爲必修科目之一。既然不設哲學系，那麼一者學哲學的教授不能適量地進入師範教育體系去影響那些準老師們，二者未來老師們的哲學知能就只有在所就讀的科系中做附庸式的培訓而已，因此無論是師資和課程都明顯的不足，訓練的水平也不夠，在這種情況下，除非自求多福，否則期待能夠具備該有的哲學專業能力，無異是緣木求魚。

實行幾十年的師範一元化人事制度，已然使得中學哲學教育捉襟見肘，現在是教育自由化的時代，師資來源也趨於多源，是不是就能打通瓶頸呢？筆者認爲有很大的機會，因爲始作俑者的課程標準可能被廢除，到時候高中、職的課程結構也可能隨之改變，但那只是一種期待和未來，若眼前則依然充滿荆棘，尤其現在所看到種種人爲造作的障礙如果不能被化解，那麼即使有朝一日取消了課程標準，中學的哲學教育還是無法起死回生的。

筆者所謂的人爲造作，主要是指在教師遴聘上不能唯才是尙的排他心態及封閉性主張，它包括了師範本位和學科本位兩種迷思。我們絕對相信，教育或教學是一項非常專業的工作，也相信若由專業人員來負責工作的推行，將是事半功倍的。但是筆者要強調的是，教育之做爲一種專業，並不能陷於形式主義的窠臼、簡單地拿師範／非師範做衡量，教學的成功與否也不可以僅僅依賴本科系／非本科系的教師資格篩選來決定，而更需要多元領域的專家一起共襄盛舉，畢竟傳道授業並不等同於專業知識的執行功能。然而現在的教育環境，卻依然瀰漫著普通大學不如師範大學、相關科系不如本科系的僵化思考，使得人員的晉用發生諸多偏差的現象，並形成工作的盲點。

當前教育的嚴重失誤，就是哲學教育的不足，文史類科中雖然含有許多豐富性思維的哲學教材，卻不能被有效地抉發其精義並傳達給下一代。癥結之一是在師資問題上，因爲就一般來說，國文老師他們在大學期間不管是學問的實體或方法，接觸較多的乃是文獻學和文章學；歷史系者亦偏於事理的歸結和事象的觀察排比而不重抽象概念的分析論證。他們的養成背景或學術重點，既然都不必以義理爲主要的訴求，也就難怪處理哲學教材的能力會普遍不足。原有的文史師資確實是力有未逮，想要扭轉眼前教學不彰的頹勢，藉助他者、引進專家乃是迫切而必要者。我們認爲哲學教材的講授以及哲學教育的推動，惟有具足較好之哲學素養的老師來擔綱才是恰當的，今天各師範大學如果不能提供這類師資的來源，當局及各校行政主管在做人力規劃時，就應該捐棄成見，試圖從其餘可能的管道去尋求備用的人材，而普通大學中哲學系的畢業生就是最好的徵求對象。

然而令人氣餒的是，哲學系的學生現在卻不能進修中學教育學程，因爲哲學既非時下高中、職必修的科目之一，也不被教育行政官邸認定是相關的學科；換句話說，哲學系畢業生在目前是無緣獲聘進入中等學校任教的。我想這固然又是課程標準作祟所產生的後遺症，但是主其事者過度拘泥於學科的名稱、只做片面性的思考和裁決，才會積假成眞地造成如是之專制和武斷，在此筆者不禁要爲哲學系抱不平，也要爲中學哲學教育請命，我們籲請相關的單位和決策階層務必及早修正這個可笑又可惡的決定，俾讓校園能夠開放更多元化的參與，教育也能夠更完美的發展。

除了新進教師的聘任作業爲人所詬病外，教師在職進修的辦法也有不盡理想處而需要鄭重的反省和突破。教師必須不斷進修以提昇本職學能，這是天經地義的事，我國素來也重視教師的再教育，從行之久年的研究所四十學分班到現在的碩士專班，都是很好的說明。然而美中不足的，是它加了許多莫需有的條款，尤其對哲學似乎不太支持。最近以前的進修規定，限制中學教師只能在本科系和相關科系中深造，前者是指與自己教師證書所登記的學科名稱相同或性質相近的系所，後者包括教育類系所。筆者當年在高中任教時，利用課餘、未申請任何的經費補助到中央大學哲學研究所進修，即使前後三年期間完全沒有耽擱學生的課業，考績依樣維持甲等，所研究的主題和範圍也聚焦在先秦諸子的思想而和國文科的教學息息相關，然而最後在取得碩士學位時，竟然還是要自請處分、接受申誡一次，才能准予提敘，當然該年的考績也被迫降至乙等，成為人事記錄上的污點。王船山曾批評「以理限事」的不當，筆者即深受其害，這段經歷和遭遇亦荒謬之極。

以目前來看，新的進修辦法似乎比較具有彈性，這和學術領域的重新劃分以致系所名稱不斷推奇出新當然有連帶關係，惟主導權的下放才是主要的關鍵，然而各校對教師進修哲學所卻依然限制多多。筆者服務的單位有一位師大國文系畢業在國中任教的研究生，當初以在職的身分考取本校哲學所時，乃是用盡各種人事關係才勉強獲得校長的同意就讀，底線則是一定要辦理留職停薪，如果想如進修國文所或中文所那樣可以帶職帶薪並每週准予一至二天公假，則完全免談。筆者亦曾電話訪問幾位現職的中學校長主任類似的話題，他們也都不約而同做如是的主張，較開明者頂多僅僅同意老師可以利用夜間或星期例假進修碩士專班，理由是哲學並非本科系和相關科系，教師若進修哲學所對教學並沒有實質的幫助，所以並不值得鼓勵。

哲學之做為一種專業，所憑藉的是理智地分析和邏輯地思辨，它在認知的要求上，是必須要準確地董理概念的內容和恰如其分地揭發文本的意義，教師在面對理論性、觀念性的教材時，正是需要哲學的訓練，才能有效掌握其中意思、詮釋其中的義理，苟不如此則只能避重就輕地照本宣科、匆匆帶過而已，但是如此的敷衍能合乎教育的本義嗎？如果因爲誤讀誤導而貽笑大方，豈不是更加罪不可逭呢？可見進修哲學是有助於教學而當值得肯定才對，像這麼明顯的道理，教育行政官僚竟然視若無睹而卒意歧視到底，眞是令人徒呼奈何。

五、開啓哲學教育的大門

高中課程標準的不夠周延，已經導致哲學教育的名存實亡，這本來就是一個難予彌補的過失，遺憾的是現行的師資培育制度及教師進用辦法，也徹底阻隔了哲學專業人員進入教學體系的通路，並間接強迫那些非專業的老師去面對生疏的哲學教材而束手無策。然而青少年們眞的急切需要哲學教育，所以勇於突破現狀、願做教育改革急先鋒的豪傑之士，當今正是奮起有爲的絕佳時機，而能夠打破禁忌，認眞網羅高水平的哲學人才進入校園任教，應該是首先被思考者。

我們在認眞檢討之後，發現現行的課程標準未必眞會阻擋哲學在中學校園中出現，「邏輯」的選修設計即爲明證。眼前之所以會出現眞空狀態絕非課程標準的本意，執行上的落差才是直接的原因。現在如果想要振衰起弊、做有效的塡補，固然事亦多端，然而開啓大門、網羅人才當爲先務之急，而讓「邏輯」課普遍的開設，無疑是最簡單可行的辦法。因爲有了這門哲學專屬的課，高中、職校就需要哲學的師資，各師範大學因應這個要求乃可考慮成立哲學系的必要，其它普通大學哲學系的優秀學生亦能順理成章地獲準進修中學教育學程，並在畢業參加實習之後依法取得證照、接聘進入中學校園任教。這批生力軍，將會是未來成功推動哲學教育的新希望。

復次，調整既有的中學教師進修規定，鼓勵文史科教師多到哲學所就讀，也是必要的策略之一。目前的教師證照，國小部分並沒有區分學科專長，所以教師的進修限制較少，中學則受限於學科登記，反而成爲一種障礙。但是既然當局同意中學教師到教育所進修，而且包括其中的哲學組，那麼普通大學的哲學研究也應該被認可才對，因爲一個獨立的系所無論在師資或資源上，都要比一個附設的科組完備，所以如果教育所的哲學組可以被允許，就沒有理由將普通校院的哲學系所排除在外了。再說，當教師面對哲學教材而覺得無能爲力，乃發願進哲學系所取經以充實本職學能，這正是「教然後知困」並自求成長的美意，教育行政機關以及學校的領導人員都應該樂觀其成，而不當肆意刁難。

哲學教育在當政者不願、執事者不為及教學者不能的窘境下，已經即將在台灣的中學校園中銷聲匿跡了。然而哲學不論是西方主智主義下的認知活動，或是東方儒釋道之側重實踐修行的智慧開發，都是人類寶貴的精神資財而不允許被忽視，今天我們的中等教育竟然對它如此的漫不經心，終必會自食其果。筆者相信本文所做的反省和批露絕非危言聳聽，所提供的策略也是具體可行。惟望所有的教育人員能夠從不願、不為、不能中幡然覺醒，重新負責任地認眞面對中學哲學教育奄奄一息的嚴重事實，並力圖奮發，同心協力開拓其否極泰來的新契機。苟能如此，則國家民族幸甚！歷史文化幸甚！莘莘學子幸甚！

肆、台灣哲學教育芻議

一、哲學的岐義性

對台灣哲學教育的討論，至少可以包含兩個側面：一是台灣各級校園中的哲學教育，二是台灣既有大學中之哲學系所的本科教學。前面一項我們也可以稱它是基礎的、一般的哲學教育，後者則爲專業性的哲學教育，當然這兩個側面會出現某些重疊，但也有它們互爲因果的地方，凡此本文都將扼要地提出一些看法和意見以就教於大方之家。

當我們想要對哲學教育進行探討時，首先就要對「哲學」有一個清楚的界定和認識，然而這似乎是件不太容易的事。「哲學」一詞表面看來大家都不陌生而能朗朗上口，例如以前在報紙上曾出現過一個專欄叫做「各行各業談哲學」，結果參與者就出乎意料的踴躍，而且每個人也都能頭頭是道的暢談他的哲學心得。然而如果我們願意「哲學地去了解哲學」的話就不難發現，對大多數的人而言「哲學到底是什麼？」他們其實都是各持己見、習焉而不察的。再者，坊間每有一些江湖術士亦打著哲學家的旗號做山、醫、卜、相、占等的推測和講解，雖語多玄機或充斥神秘，然而市民百姓不但從不懷疑他的正當性，反而認爲哲學就是應該如此地故弄玄虛、匪夷所思。諸如此類的現象，都反應了大家對哲學的茫然無知，也證明了絕多數人往往只是安於道聽途說、附會牽強而已。

但是話再說回來，即使是專業的哲學工作者，如果他認眞想要去一探哲學的究竟且樂意對哲學做出標準之定義的話，必然也會發現它的難爲之處，此誠如前幾年才過世之知名的波蘭籍哲學家波謙斯基（J.M.Bochenski,1902-?）在《哲學講話》（*Philosophy: An Introduction*）一書中所說，「哲學究竟是什麼？」這個問題本身，本來就是最不容易回答的哲學問題之一，⑱因爲根據哲學史的考察，我們也容易就發現，凡是立場相別的哲學家們，他們對哲學的範圍、哲學的課題、哲學的性質以及哲學的方法等，難免都有他們的堅持和界定。

關於波謙斯基的疑惑，我們很容易就能夠舉出許多的例子來證實。例如二十世紀德國哲學家海德格（Martin Heidegger,1889-1976）認爲，哲學即是普遍之現象的存有學（ontology），它以對人存在的詮釋做爲起點，最終的任務則在敞開存有（Being）的奧藏、揭發它無限豐富的意義，人之做爲存有者（being）和存有之間乃構成詮釋上的循環（hermeneutic circle）：存有既在喚醒存有者的遺忘，使其能夠回復到原有的本眞狀態，而存有者之呼應存有的召喚亦同時是對存有之不斷的開顯。若英國的羅素（Bertrand Russell,1872-1970）則視哲學爲概括性的集合名詞，它乃前科學或元科學之學問的總名，以今天來看，哲學所指的就是那些至今尙未完全被科學化的剩餘部分或學科，至於哲學現在唯一的功能亦只不過在替科學服務，亦即爲它們的命題進行語意的澄清或語言的治療（therapy of language）等工作而已。海德格和羅素之間，顯然沒有任何的交集，至於波謙斯基本人亦自有其主張，他根據哲學和科學二者在研究方法上都離不開理性的運用，於是將哲學仍然歸諸於廣義科學中的一種，但哲學又不同於一般科學之必須要有固定的研究對象，所以波謙斯基乃視哲學是一種非特殊性之「普遍的科學」（a universal science）和更具基礎性之「根本的科學」（a radical science）。⑲

企圖對哲學做一致性的認定它的困難還不只是如此而已，從二十世紀四〇年代左右開始，在歐洲大陸所崛起的一股「非哲學」（non-philosophy）的思潮，它更以摧枯拉朽的態勢對傳統的哲學觀念進行顛覆性的質疑，其中代表性人物之一的法國哲學家梅洛・龐迪（Maurice Merleau-Ponty,1908-1961）就弔詭地說：「眞正的哲學嘲弄哲學，因爲它是非哲學。」美國的羅蒂（Richard Rorty,1931-）並且宣告傳統哲學的終結而提出「後哲學文化」的構想，他主張哲學只不過是一場不斷進行著的詮釋遊戲。⑳

二、哲學教育的範圍

哲學一詞及其內容誠然如上所言是如此地充滿著歧義性或不確定性，因此那一類的課程教材和教學教法才能歸諸於哲學教育的範圍，這恐怕也會衆說紛云、莫衷一是。如今筆者由於論述上的需要而必須對它做出界定，其實亦僅僅能夠基於一種寬泛的立場，並根據現實的學校狀況對它做出簡單的概括。筆者乃籠統地認爲：凡學校中的教學若涉及思維的訓練、觀念的澄清、經典的詮釋、意義的探究、價值的反思、命題的考辨和中西印各種思想流派的介述批評等，都可以算是哲學教育的實施範圍。

筆者對哲學教育的範圍做了上述的規定，顯然已經將中國儒釋道等的思想也都視同為哲學，這無疑會引起某些人的反對或不快，因為從基本教義派看來，此一舉動有將哲學格義化的嫌疑。原來哲學的本義是「愛智」，philosophy 一詞乃希臘文 philein（愛）和 sophia（智）結合而成。它興起於公元前六世紀的希臘，爾後在西方世界蔚為風潮。從希臘哲人對哲學一詞的使用而論，它總不外乎表現為具反省性、後設性和思辨性之概念思維的活動，所以理智主義（intellectualism）的性格非常地明顯，如果以中國的傳統術語來說，它因其所具有的特性而當勉強統屬在「聞見之知」的範圍，並相當於印度人說的「現量」與「比量」。歐美學校的教育，不管是體制內或體制外者，向來都非常在意哲學思維的訓練和啓發，所指的也是這種偏認知義的活動。相對於「聞見之知」，中國的思想家們還區別開來了「德行之知」這種實踐性的智慧（wisdom of practice）。「德行之知」由於它的強調主體性感受以及人格性號召，所以在方法和性質上，都與側重客觀之認知的西方「哲學」迴不相侔的，例如儒釋道的經義、戒律和訓示等都是。

「德行之知」或實踐性智慧的朗現與完成，當然一定要從身體力行的過程中去努力印證才算數，所以印度人稱它做「證量」。但它還是有一套的意見（view）可以講、可以被認識、可以去做思辨性的詮釋，就這個地方而言，它當然能被看做是「哲學」；至少由於它並不反對我們用哲學的方法去理解（understand）或詮釋（interpret）它，所以終究可以有一個「關於它」的哲學存在。只不過凡是將「德行之知」進行哲學性之研究的人總得徹底明白，自己之所以如此行事，並非僅僅在乎「理智的興趣與滿足」而是爲了「窮智以見德」，因此務必時時記住「智若能及之，則仁亦當更要守之」的道理，苟不其然的話，就難免成爲只熱衷於觀念遊戲的知識專家而已。

這裏筆者順帶一提的是，如今台灣教育界正大張旗鼓地提倡推行「生命教育」，強調對生命的尊重和價值世界的開發，可是早在五十多年前，有當代新儒家大師之譽的牟宗三先生就開始使用「生命的學問」一詞去形容儒釋道等之重實踐性和主體性的東方哲學，並且還將他的一本相關著作取名爲《生命的學問》，㉑然則堂而皇之的「生命教育」必以成德之教爲正宗，亦良有以也。

三、思想貧乏的窘境

西方人對於主智性哲學傳統的重視，是從中小學開始就進行深耕紮根的工作，它們在小學的基礎教育中就融入哲學的課程，如思考的訓練、問題意識的啓迪等，㉒高中以後更獨立出現相關或專業的哲學學科，所以哲學教育已然在日居月諸下成爲它們的重要傳統，這對於文化的發展和學術的開拓而言，都有其正面的意義。相形之下，向來台灣的中小學教育，在現實上非但沒有積極地落實純西方式的哲學教育，即使是格義或廣義的用法下所泛指的哲學教養，亦缺乏應有的尊重，最具體的例子，就是教師受限於個人學養的不足以及客觀環境的不良，從來就沒有意願爲它做常態性的教學引導，對哲學理境的誘發也不曉得刻意去經營，徒然面對既有的哲學性教材更缺乏足夠的動機去詮釋。

至於教育行政當局則同樣沒有意識到問題的嚴重性，一點都不太在乎是否該由師資的引進或培育，以有效改善長期以來校園中思想之貧乏與蒼白的窘境。官員們的思維很簡單，就是什麼科系畢業就教什麼科目，現在中小學的科目中既然沒有哲學的類屬，所以也不特別需要引進哲學的人材或暢通教師進修哲學的管道，他們忘記（應該說是不明白）哲學其實是藏身在各學科當中而十分期待有能力的人去挖掘的。

我們當然不可以武斷地認爲台灣中小學的校園中是完全拒絕哲學存在的可能，反而我們會明白發現：部頒的課程標準中明明承認哲學的必要性和重要性，某些科目如國文、歷史、公民中也溶入了相當多的哲學教材，數理科的教學更有思維方法的訓練，甚至既有的三民主義以及高中選修科目之一的理則學，就是獨立的哲學學科，可見我們對哲學教育應當是非常重視的。此外，長久以來校園中就持續推動著「創造性思考」的教學，現在又有「生命教育」、「多元知能的學習」等等教育政策的提出與推展，㉓像這些措施的性質理念其實都和哲學具有直接的關係，它們並且被當做辦學的指標而納入績效的評比中，凡此更加證明了當局對哲學教育並不願意有任何的疏忽。

然而「上有政策，下有對策」，而且理論歸理論，實際歸實際，由於人才的缺乏和自覺能力的不足，事實上現今中小學校園的哲學教育完全是乏善可陳的，同時就因爲它一直沒有受重視、效果出不來，所以教育當局才又要不斷地提出種種的救急方案來補罅塡隙。由此看來，假如我們能夠在前提上先做好哲學教育的話，那麼許多治標性質的克治之道其實原來都是可以省略或避免的。筆者覺得，以現在的情形來看，像「生命教育」、「多元知能的學習」等這些救濟性的行動確實都很迫切需要，它們依然必須在已然累積的教學成效上，繼續長期地進行下去，但是它們現在則非常期待哲學教育能夠提供一個良好的背景，以做爲理論和理想的支撐，並且達到相得益彰的效果。相反的，如果缺少哲學教育的相表裏，它們將會事倍功半甚至日益萎縮。總而言之，認眞反省哲學教育的重要並求其具體在校園中落實，已然成爲刻不容緩的大事了。

四、中小學哲學教育的願景

台灣哲學教育的危機一則是導源於僵化的人事和進修的制度，二則是升學主義掛帥所扭曲造成，凡此筆者已在〈開啓中等教育的哲學大門〉一文中有剴切的剖析，㉔大家可以參考指教。在該文中筆者亦曾針對幾個癥結嘗試提出幾個具體可行之解套的策略，並呼籲教育當局加強重視哲學教育的迫切性。現在比較慶幸的是，首善之區的台北對此也開始有了發現和自覺，台北市政府教育局自九〇學年度第一學期起，已經正式將全市中小學哲學教育的推行與落實列入重要的施政目標之一，並且全力積極展開各項的行動方案。雖然在哲學教育的界定上目前仍有爭議，譬如說到底該以思辨的訓練或價值的反思為主軸呢？可不可以和既有的生命教育、心教育相結合？需不需要特定的教材和專屬的上課時數？這些都見仁見智而有待整合，但無論如何總算已經努力跨出一大步，並有效完成初步的計劃，其中包括：學者意見的徵詢、專門經費的編列、種子教師的整合、儲備人員的培訓、參考教材的編製、重點學校的建立、教學方法的演示、永續經營的擬議等。至於向來位居教育界龍頭地位的國立台灣師範大學，也開始構思哲學研究所籌設的可能，試圖開啓在職教師再進修專業哲學的契機，以及有效暢通哲學人才進入校園的管道，藉以加強中小學校園中哲學教育的比重。凡此都和筆者原來的意見和想法多有不謀而合之處，這就使得我們對台灣未來之哲學教育的蓬勃發展，不禁充滿著信心與期待。

不過本諸求全責備於賢者的心理，筆者不免要向台北市政府教育局鄭重呼籲：推動哲學教育不能只是擺盆栽、做裝飾罷了，而要有百年樹人的決心。擺盆栽是秀場的伎倆，目的在求速成、好看，同時也為了抽換的方便，政治人物在尋求積效時往往樂於運用這種手段，但是辦教育卻千萬不可以如此。辦教育是要播種、要澆灌、要認眞耕耘，卻又不可預期及時的收成。擺盆栽到頭來只成了利用空間來實現工具性的目的，所在乎的僅止於票面價值的創收和利潤。相對之下，唯有植樹育苗、綠化庇蔭才眞正在呵護我們所生存的美好大地。

其實我們非常清楚，處於現行的教育生態中，想在中學推動哲學教育其困難度是相當高的，因為升學第一的觀念還是瀰漫在校園的各角落，而既有的人力和資源也明顯不足，凡此都導致大家的心存觀望，這從筆者幾度應邀出席相關的籌備會議就充分感受出來，如是之履上堅冰該當如何融解，的確需要非常的魄力和決心做長期的經營，但既然要做就得以任重道遠的弘毅以及成功不必在我的自覺來惕厲黽勉，假如因為怕苦、怕難、怕看不到成果，就去找幾個高中、挑幾個班級來做做樣板交差了事，那麼倒不如不做。

相較之下小學的情況或許會好一點，它雖然也同樣面臨中學所遇到的類似問題，但至少沒有升學壓力上的顧慮，而且隨著九年一貫的實施，教師在教材教法上已然獲得了較大的自主空間，所以應該更有彈性和機會來處理。再說新課程精神就在打破以往學科學門的本位和限制，所以它特別又訂定了七大學習領域，如此一來學習效果的統合整理將是不可或缺者，在這種新的教學背景下，以哲學的普遍性格做爲領域間的有效媒介並拓大延展其知情意或眞善美的視域，就最恰當不夠了。如果以上所言不虛的話，那麼小學之發展、推動哲學教育不但是可爲亦必是當爲者，但筆者仍又不得不說，若僅僅爲了教學示範、教學觀摩上的方便和觀瞻，就簡單地只選取純形式的思維訓練做訴求，陪兒童玩玩邏輯的遊戲、再擺擺噱頭，以爲這即是哲學教育的標準內容，寧願放棄了許多其它的可能亦在所不惜，那就不是最好的決定了，因爲台灣兒童所最需要的哲學畢竟不盡然是過於快樂導向之兒童樂園的哲學（philosophy of kindergarten）而已。

五、通識理想的確認與貞定

台灣中小學的教育因爲缺少哲學的調適上遂而有它的歷史沉痾，現在則已然露出一線曙光而讓人雀躍不已。但相較於中小學哲學教育所日漸開顯的理想願景，面對台灣現階段之一般大學生所能接受到的哲學教育，筆者則始終是忐忑不安、耿耿於懷的。因爲面對哲學，無論是受教者或施教者，在心態上都未必存在著應有的尊重，其癥結固然和中小學未注重哲學教育有著直接的關係，但同時又涉及到目前各大學校院中的生態問題，例如上游之學校行政資源的分配、通識教育的定位與教學以及系所的本位意識等錯綜複雜的因素，它所造成的困難與糾葛，總是令苦口婆心之人油然產生治絲益棼的無奈，筆者現在亦只能自陳高義以爲一種期許罷了。

不可諱言地，現代學制下的大學教育乃是移植自西方者，所以台灣大學校院中自民國七十三年九月起全面正式實施的通識教育（general education），它的精神和理想顯然也根源於西方的大學而和 liberal education 或 liberal arts education 息息相關。過去有人稱呼它爲「文科教育」，尤其是理工科當道的學校特別喜歡做這種認定；也有人形容它是一種「博雅教育」，因爲這種教育乃注重品味和風範的養成，而有別於知識性及實用性的職業薰陶。這兩種解釋確實有它們的適當之處，但筆者認爲在向度和視野上還是不夠開闊而未必盡然。

筆者在〈通識理想與哲學教育〉一文中，曾經指出「通識」的眞實義和理想義應該是「通達的慧識」，並說：「『通識』是人在『去本位』、『反一元』的思考下所貞定的開放性胸襟或器識，它主動地肯定、接納一切知情意的成就而不偏廢之，既不自限於專家或專業的威權獨斷，也不封閉在分門別類之知識性、實用性、技藝性的管見中，西漢史學大家司馬遷曾說：『究天人之際，通古今之變』，揚雄亦主張：『通天地人曰儒』，凡此才是對通識的恰當定義。」如今這個信念還是拳拳服膺而絲毫沒有動搖。

筆者之將「通識」理解爲「通達的慧識」，或許和現在有些學校所提倡的「全人教育」（education of the whole person）在理念上有著異曲同工之妙，不過終究還是略勝一籌的。蓋全人教育雖然反對將人的生命割裂爲心與物的二元對立，但它所楬櫫的「整全的典範」（holistic paradigm），還是在分別說的背景下，強調「理智的認知」（intellectual cognitive）和「情緒的感動」（emotional affective）二者必須獲得整合（integrated），而尚未意識到非分別說的圓境；同時它所肯定之「靈性的世界觀」（spiritual worldview）依然離不開基督教的傳統，導致所謂的敬天信神就只能選擇對耶和華的皈依而已，㉕凡此亦無怪乎推行「全人教育」的學校絕大部分都是教會大學。㉖

六、突破通識教育的瓶頸

筆者之以「通達的慧識」來界定「通識」不但合於儒家道家對教育理想的期待，同時最能揭發和相應於西方人原初對大學教育中之 liberal 的訴求。因爲 liberal 是指自由或解放，它的希望是不要被限制或干涉，自己則亦不做任何預設，總之就是反對獨斷與封閉，所以 liberal education 或 liberal arts education 消極地說是屬於「非中心主義」之多元取向的教育，積極地講就是培養通達之慧識的開放性教育與整體性教育。又我們如果願意如此貞定通識教育的意義的話，那麼哲學教育在其中就可以扮演著指導性的地位，因爲哲學是在啓發人做根源性、整體性和批判性的反省，尤其是儒家道家哲學乃是一種以貫通天地人我以共成其和諧的機體主義思想，凡此正是通識精神的所由來。換句話說，通識的理想原本能夠藉由哲學教育的有效開發而獲得眞正的實現。

然而事與願違，台灣各大學校院自實施通識教育以來，就一直無法有效說服專業主義的質疑而備受孤立和圍攻，本身也往往自我矮化窄化在進步主義或均衡主義的泥沼中而不思發憤圖強、克服超拔，結果是讓通識成爲「普通嘗試」和「普通常識」而已。前者蓋以爲通識教學充其量只不過是爲了補充專業科系在生活實用技能之要求上的不足，後者則完全藐視通識的主體地位而視其爲另一個專業領域的入門性學習罷了。這就難怪有人會批評通識教育是大學校院中最不具特色的教育。最可憐的是通識單位的老師亦往往由於課程內容被定位在次專業性，而竟然被視爲教授團隊中的二軍。

在這種大不利的環境下，通識教學單位既然已經失去它的理想性而甘心屈就爲各專業系所的附庸以求苟延殘喘，那麼注重根源性與整體性思維的哲學教育也根本就沒有正常發展的機會。它當今眞的很慘澹，如果幸運的話還會被被當做營養學分而可以簡單地向學生介紹一些哲學的普通常識給學生們，等而次之則連開課的機會都沒有，理由不外乎是如果從生活技能、功利價值而言，哲學乃完全爲一無所用者，試看現在許多從技職體系翻身的校院，它們不就從來即未曾認眞思考過哲學教育的存在必要嗎？

其實哲學教育淪落到這種田地，絕對不是一個健康的國家和環境所能允許的。試想：我們的國民竟然在中小學階段就缺少哲學教育的指引，到了大學之後依舊沒有機會接觸到哲學性之心智啓發，結果即使在專業上是標準的高級知識分子，然而當他面臨人生意義的抉擇、終極關懷的肯定時，所表現出來的卻是那麼的幼稚、那麼的手足無措和荒腔走板，這是多麼的可怕啊！但這難道會是他的原罪而應該由他自己去承當嗎？今天社會中不論是公領域或私領域常常出現不可思議的倫理越位，甚者，假藉宗教之名所衍發的怪誕邪曲妖孽事件更是層出不窮，凡此又該當如何去善了呢？所有的教育人員面對如此不堪的情境，還能夠對「專家只不過是訓練有素的狗」諸如此類的諷諭無動於衷，不思逆覺體證以求挽狂瀾於既倒嗎？

七、專業哲學系所的運作與導向

通識教育如今已然被其它堅守本位主義的系所所吞噬，這時候人文學院中傳統的文、史、哲系理當義無反顧地成爲它的奥援和後盾才對，因爲通識的精神本來即是合乎人文精神的，而三者間尤其以哲學系所更是責無旁貸。其實哲學系長期以來亦面臨可造之材尋覓不易或吸引不住的困擾，它甚且往往成了學生轉進別的熱門科系的跳板而已，因此急切需要向外開拓新的教學區域、物色新的培育對象，這時候如果眞的能夠和通識教學單位相輔相成的話，也是己立立人的一樁美事，筆者過去之所以大聲呼籲建立「哲學/通識」的可能性，主要的理由亦就在這裏。據此而言，筆者反對專業哲學系的大學部課程太過於鑽牛角尖、小衆化，它應該要開大門、走大路才對。

現在某些新成立的哲學系所執意標榜著它們所堅持的主義或立場，所以從大學部起一直到研究所，所有的課程就幾乎完全圍繞著這個主義或立場來設計。它們無視於哲學向來即因爲其定義的複雜性而已然呈現出百家爭鳴的多元性，於是一意孤行地只承認什麼樣的哲學才是哲學，全然不顧及其它的想法。這種自我窄化的行徑，美其名是擇善固執、嚴守本分，卻是畫地自限、封鎖眼界，說穿了還不是一種基本教義派式的專斷和地盤主義般的蠻橫罷了，所以難怪此道中人會自我膨脹地吹噓自己是全台僅有的幾位哲學家云云。像這種過分強調惟精惟一之取向與教學而全然罔顧於大格局的小衆化哲學系所，不但幫助不了現有大學中通識教學單位的困境突破，反而常常會自我膨脹並以此專業霸權的心態共同加入反通識的行列，至於自己也很容易在生存上帶出偏食症的危機，如此之損人不利己，實在非常不智，殊不足取也。

台灣舊有的幾個哲學系所當然也免不了是各具特色而壁壘分明，它們的各有堅持，導致彼此間之互別苗頭、互不相讓從某個意義說，或許跳脫不了類乎前理解的「成見」（vorurteil），㉗然而彼此在課程上卻莫不都是中西印哲學並存，同時能對哲學史上古往今來的各家派同樣留意，理論哲學與實踐哲學也不予偏廢。筆者承認這種多元的精神才是恰當的，尤其對大學部學生而言，它之能夠提供鳥瞰式的視野爲他們做宏觀的導覽，使其明白哲學世界的山川壯麗，這絕對有啓迪嚮往之情與開拓通達之識的作用。像這樣的用心良苦如果還要批評爲大而無當，則不免都是出自但知有樹、不知有林的孤陋想法。

不過面對著現實的環境，一直給人「百無一用」之印象或頂多只有「無用之用」的哲學系所，還是不能免俗地需要做適當的調整以爲因應。筆者首先認爲大學部的畢業總學分應該避免過高，藉此以相對擴大學生實現雙主修或完成輔系、教育學程等的可能空間，再者選修課程亦當儘量與外系做搭配考量，使學生有一舉兩得之便、無重複學習之虞，例如：科技倫理、資訊倫理等學分可以和資管系或資工系合開，美學、藝術哲學允許和美術系、藝術系交流，教育哲學、兒童哲學能夠和教育學程中心或教育系相互承認等。至於研究所方面則必須朝一系多所或一所多組來規劃，並且不同的組別在入學考試的方式和科目上，都要事先確定招生的對象在那裏而適才適選地做清楚的規劃和區隔，使研究所的教育除了能夠提供本科系學生繼續深造的需要外，還可以向外爭取到具有其它背景但對哲學有興趣、有潛力的生力軍，讓他們一起加入哲學的行列而有機會能對他自己先前具有的專業知識進行後設性的反省，甚至對那些事業有成之後而開始向人生意義、生命安頓備感期待與熱忱的社會菁英，也能提供另外一個探索與進修的管道。

很多人都會很習慣地說：國家民族的命脈植根在健全的文化，文化的發展務必仰賴學術思想的積極開拓，學術思想的反省與進步則需要哲學的批導裁判，所以哲學非常重要，我們的教育應該不斷加強哲學的訓練和理性的啓發。但是我看台灣其實是最不重視哲學的，因爲哲學在過去的威權宰制下，每每受限於一元化的意識型態而備受扭曲和打壓，現在則被圍困在短視近利的漩渦中而成爲最沒有聲音、最缺乏鼓勵、最起不了作用的寂寞者。對於哲學的地位竟然如此的卑微，筆者很無奈，也很期待；期待有朝一日哲學能夠獲得應有的重視，哲學教育能夠在台灣教育中成爲主流的價值。

【附　註】

註① 括號中之引文亦見《莊子・大宗師》

註② 老子《道德經・第六十四章》曰：「爲者敗之，執者失之，是以聖人無爲故無敗，無執故無失。」

註③ 《莊子・齊物論》說：「化聲之相待，若其不相待，和之天倪，因之以曼衍，所以窮年也。」

註④ 筆者以爲台灣現在所說的「生命教育」其實是比較偏重在生命倫理學的性質和領域，因此沿用國外的 education of life 來稱呼並不恰當，或者我們可以改譯爲 bioeducation 才實至名歸

註⑤ 《孟子・離婁下》

註⑥ 民國以來最早用「泛道德主義」來質疑儒家的可能是殷海光先生，他在《中國文化的展望》（香港時代，1966）中數度提出這種批判，其後凡自由主義派學者都附會其說，大陸學者金觀濤雖是馬列信徒，亦如是看待儒家。然而殷先生的這種批評是否公允恰當，學界間亦多有爭議，如徐復觀先生在當時即與殷先生有過數番的論戰，八〇年代後更有李明輝先生提出系統而完整之辯駁，參見李明輝《當代儒學之自我轉化》頁一〇二～一〇五和頁一一五～一一七，台北中研院中國文哲所，1994

註⑦ 「創造的轉化」（creative transformation）是林毓生先生最先提出的觀念，他並樂觀地認爲通過這個過程可以讓儒家的道德理想主義和西方的自由人文主義（liberal humanism）有效整合，因爲儒家「仁的哲學」原本蘊含了自由主義之「人的道德自主性」（the moral autonomy of man）的主要觀念。參見林毓生《思想與人物》頁一九六、二八三，台北聯經，1983

註⑧　筆者對通識的定義在本書〈通識教育中的文化經典〉已多做討論
註⑨　見司馬遷《史記・太史公序》
註⑩　孟子曰：「夫君子所過者化，所存者神，上下與天地同流，豈曰小補之哉！」（《孟子・盡心上》
註⑪　語出《易經・繫辭上傳・第四章》
註⑫　以今觀之台灣各大學校院中負責通識教學的組織其名稱、性質和位階殊是多端，有以任務編組者，如通識教育委員會、共同教學委員會等，然大多數屬於獨立單位，如通識教育中心、通識教學中心、核心課程組、共同科等是
註⑬　教育部《高級中學課程標準》頁一，台北教育部，1996。又本文中凡提到之高中課程標準一概以此民國八十四年修定公佈者為據
註⑭　參見教育部《高級中學課程標準》中所列上述各單科之〈課程標準〉和〈教材綱要〉
註⑮　台北市立麗山高級中學在民國八十九年成立之初，曾基於實驗之性質而開過一年的「邏輯」課，最後卻以效果不良、反應不佳為由而草草結束，如今即未聞再有那個高中職願做這種嘗試
註⑯　同註⑬頁五〇三~五一五
註⑰　同註⑬頁三十七
註⑱　參見王弘五譯《哲學講話》頁十五，台北鵝湖，1977

註⑲　同前註頁二十三～二十四

註⑳　關乎此一現象，王治河先生〈當代西方哲學中的「非哲學」〉一文中有廣度的介紹報導·，該文登載於《哲學雜誌》第十三期，1995/7

註㉑　該書係牟宗三先生門人孫守立君輯錄牟先生自 1949 年至 1957 年之間，在報刊上所發表的一般性文章編纂而成，由台北三民書局在 1970 年出版。又牟先生既然是將儒釋道的思想統稱為生命的學問，那麼他對「生命」的看法當然偏重在它的精神理境和超越的工夫表現，這和台灣現在「生命教育」之側重於橫剖面地、認識地看「生命」，顯然有很大的不同

註㉒　美國教育家李普曼（Matthew Lipman）之大力推動兒童哲學（philosophy for children）就是最典型的例子，李普曼特別強調如何啟發兒童的思考能力和思考的習慣，亦即是著重在「思考的思考」（to think about thinking）。有關李普曼及其對兒童哲學教育的推展貢獻，請參閱詹棟樑《兒童哲學》頁三～十，台北五南，2000。又李普曼擅長用兒童故事或戲劇中的情節來引導兒童做思維的訓練，並虛構了一位名叫 Harry Stottlemeier 的小孩做為故事中的靈魂人物，許多的道理也都是藉著這位小孩的好奇和發現而呈顯出來，所以李普曼在相關的著作中最具代表性的就叫它做 Harry Stottlemeiers Discovery，該書台灣有楊茂秀先生的中文譯本，名曰《哲學教室》，台北學生書局 1979 年出版

註㉓「多元知能」（Multiple Intelligences）簡稱爲 MI，國內一般翻譯爲「多元智慧」，它是當代美國學人豪爾・迦納（Howard Gardener）提出的理論。迦納認爲人類的知能是多面向的，一個有效的學習行爲就是在啓迪這些知能並達到因材施教的目標，人類的這些知能他最早說共有七種：（一）語文知能（linguistic intelligence），（二）邏輯——數學知能（logical-mathematical intelligence），（三）音樂知能（musical intelligence），（四）肢體——動覺知能（bodily-kinesthetic intelligence），（五）視覺——空間知能（visual-spatial intelligence），（六）人際知能（interpersonal intelligence），（七）內省知能（intrapersonal intelligence）。後來迦納又補充了自然觀察者知能（naturalist intelligence）、性靈知能（spiritual intelligence）以及存在知能（existential intelligence）等三種，但迦納卻不承認後兩種在教育上的需要而只加入了「自然觀察者的知能」成爲他所主張之學習上的八大目標。迦納的理論目前在國內十分風行，對其相關見解之較爲完整的報導以及資料的蒐集，可參見 Howard Gardner 著、李心瑩譯《再建多元智慧》，台北遠流，2000。不過筆者要進一步澄清的是，迦納所說的這些 MI 畢竟都是偏認知義而與儒家道家之「實踐性的智慧」或「德行之知」涇渭有別，筆者之所以不同意名其爲「智慧」僅願稱它們是「知能」，原因亦即在此。我們從迦納之堅持不將「性靈知能」和「存在知能」列入學習目標的範圍內，同時發現他又公開反對有所謂的「道德知能」（moral intelligence）的出現，其根據的主要理由是 intelligences 乃「道德中立」（morally neutral）或「沒有特定價值」（value free）而截然不能與道德混為一談者。凡此都可以證明迦納還是離不開西方傳統之實然與應然二分、以及硜硜自守地在知識的實然上講知能，是故他所提出的多元知能學習，仍不外乎是知性的學習而已。

註㉔ 原載於《鵝湖月刊》第 307 期，2001/1，今亦見於本書之〈第四章〉

註㉕ 「全人教育」（Holistic Education）為當代美國教育學家 Ron Miller 所熱烈提倡者，主要意見可查閱 Ron Miller, *What Are Schools for?* Antario: Holistic Education Press,1990.& Holistic Learning: *A Teachers Guide to Integrated Study* Canada: OISE Press,1990。又國內對全人教育的理論與實踐投入最深、付出最勤者應算林治平先生，所著〈找人——全人理念與生命教育〉（林治平主編：《中原大學宗教學術研討會論文集》，中壢，中原大學，2001）堪稱是國內關於全人教育的經典之作。又林耀堂〈全人教育的教育哲學基礎〉亦有精采扼要的介紹，同樣值得推薦和參考，該文今收錄於何福全主編《生命教育論叢》，台北心理，2001

註㉖ 國內對於全人教育理想的推動，以中原大學和文藻外語學院最為熱衷，它們並一致地以「全人典範」為教育的最後目標，文藻學院甚至拿它的精神做校訓。兩校亦曾先後在民國八十九年和九十年主辦過類似的學術研討會，會後也都有論文集的出版

註㉗ 「前理解的成見」是套用高達美（Hans-Grorg Gadamer,1900-?）的話，在高達美的學理中，它與其

說是一種「偏見」不如稱之為「先見」來得恰當。本文在這裏是藉此喻指著：台灣幾個傳統的哲學系在它籌備或成立之初，即同時有一立場的選擇，且必以此立場做為其爾後經營的依據和發展的方向。筆者之本意既然如此而已，所以並沒有任何負面評價的可能。

第五章　結論：開放的臺灣教育人文

——以語言和文化的反思為例

一、人文的普遍性與台灣教育的主體性

「人文」顧名思義就是人類所創發或彰顯的文風、文制、文學、文藝、文明和文采，亦即是人類以其主觀地能動性自覺地去對天地人我的擘畫經營，所不斷累積下來的成就和結果。人文的出現與建構代表著人類已然能夠超越原始的盲昧，並註記著歷史的開始，所以《易經・賁卦・彖傳》說：「觀乎天文以察時變，觀乎人文以化成天下。」

人文亦不外乎是人類之綜合的生活方式，它的內容概括了知情意對於眞善美之探索、判斷、抉擇和認同等等的活動和經驗，職是之故，人文本色即同時存在著積澱與成長的雙重性格。蓋人類憑藉著他得天獨厚的天賦，既能夠成就及記憶人文的業績，亦可以將此業績傳播開來、傳承下去，或者據此結果踵事增華地興發更多更新的結果。根據以上的敘述我們可以

知道，人類文明的進步發皇，正是一種好奇、質疑、澄清、塑造、突破、創發的連續性過程，也是典範（paradigm）之授受與承繼的教育過程。質言之：人文離開不了教育，教育的精神即是人文的精神，且兩者的意義多所重覆，觀今英文中之pedagogy（教育學）和humanity（人文學）都同樣來自希臘文的paideia，西方傳統大學課程中的liberal educations或liberal arts educations（文科教育）也根據它而演變而來，凡此就反映了這個事實，①於是筆者如今乃將人文／教育合在一起，總括地說它是「教育人文」。

又假如天地人我可以稱之爲「自然的總體」的話，那麼教育人文的內容其實莫不就是「自然的人化」，亦即是：以人的觀點做出發而對天地人我進行解讀並以之建構一幅宇宙的圖像，它相對於原有之「自然的總體」乃是天生人成之「歷史社會的總體」。然而一個好的教育人文總不能只在乎戡天役物、唯我獨尊，它必須認眞感受到原有「自然的總體」和沾染上人爲色彩的「歷史社會總體」究竟不可敵對且不允許隔絕，因此願意繼續由「自然的人化」進一步調適上遂，昇華成爲「人的自然化」，使人與自然之間能夠避免對立或破裂，並再度重現應有的和諧。像這種人與自然之間所對應出來之正反合的辨證發展關係，筆者認爲無論在方法論或存有學上，它都是一種普世皆然的共同模型，舉凡人性、人倫、人道、人際的眞善美聖，無不藉此而逐步開發完成，各民族之歷史文明的進步，亦依靠它而得到保證，當然天地物我等一切存在更是可以在同樣的關照下，獲得基礎性的貞定。

教育人文的普遍性不但可以從它生長變化的歷程得到證明，而且就實質意義來說，如果衆生是平等的、理性的內容是沒有膚色和國界的話，②那麼任何根據人性所引發出來的客觀成果，也應當可以一道同風才對。然而，世界上的各民族的確存在著不同的心靈特色，且文化間也呈現出各擅勝場的對比差異，此等特殊性或獨特性和原先所說的普遍性，顯然形成了矛盾，這又當何解？其實說它是矛盾只是一種誤會，因爲普遍性和特殊性的關係，猶然「理一而分殊」也，理是根源和根據的整一，分門別類的雜多則是因爲表現方向之不同而引起。

理據、理體是相等的，但表現則有機遇、有輕重、有選擇；就因爲各有各的因緣具足，所以透露出來的結果會參差不齊，但凡此特殊之表現與參差不齊的結果亦莫不彌足珍貴，蓋假如沒有它們多元的風華，亦看不見理體的豐富，換句話說，普遍性的肯定並不排斥、反該是接納特殊性才對，我們由此乃信誓旦旦地認爲，台灣的存在既然是鐵錚錚的事實，那麼台灣的人民以其在地的觀點去觀山觀海觀天下，這當然可以有他們的景觀和視野，台灣的教育人文也自然有它的主體性。

二、本土化的契機與危機

台灣人文的獨特性和台灣教育的主體性是一而二、二而一的，它們意味著生於斯、長於斯、立於斯的台灣人民，一起在文明的洗禮、歷史的淬鍊和環境的催化下，所共同凝聚而成的集體意識，這包括了宇宙觀、自然觀、世界觀、知識觀、價值觀、生命觀、道德觀、宗教觀等等，其無可取代的精采莫不出自於精神心靈的躍動而為人性的發皇，所以理論上它們應當自始至終全部都能得到世人的尊重和保愛才對。可是事與願違，在過往的歲月裏，由於黨國意識型態的禁錮和打壓，它不但沒有如是之幸運，反而處處像敝履般地被漠視、被踐踏，一直到二十世紀八〇年代以後，才逐漸獲得平反，本土住民也因此得以縱情地面對著這一大片看慣的好山好水而揚眉吐氣。如今步入二十一世紀，本土化已然成為台灣主流的民意，本世紀第一場島內大選的結果，並讓土生土長的政團充分取得執政的優勢，回首來時路，此番的政權輪替或許只稱得上遲來的正義，但它仍然來得及鼓舞台灣人民，讓大家抬頭挺胸地走向全世界，同時也為台灣教育人文的調適上遂，提供了充其極發展的契機。

然而本土化並不等同於本土一元化。因為一元化原本就不健康，它充斥著封閉性而不樂意成人之美，也不肯敞開胸懷去與人為善，本土化的理想既然是要參與全世界、做世界的公民，當然就不能走這種一元化的死胡同。本土化的重點一開始是在承認在地觀點的基礎性、合理性和特殊性，接著根據此一觀點去尋求與非本土之間之「視域的融合」（fusion of horizons）以擴充內在、放大自我，這時候或許總不免有個輕重緩急、本末先後的次序，卻千萬不能夠出主入奴地心存驕傲，苟不其然的話，本土化就很容易產生自我悖離（alienation），變成了狹隘的地域化。遺憾的是，台灣的本土化總令人有這方面的顧慮，例如語言使用上的爭端就是這種現象的冰山一角。試看：今天在台灣不會講台灣話往往會被當做是一種原罪，而堂堂立法委員在國會殿堂上用不得體的髒話發言，竟然因爲他使用的是台灣話，就可以振振有詞、當之無愧，這不就是一種主奴心態下所表現出來之語言的傲慢和獨裁嗎？亦不啻是赤裸裸之本土一元化的傲慢和獨裁嗎？凡此即證明了筆者並不是杞人憂天。

其實語言本是人際溝通的必要媒介，藉著語言大家可以交換意見、凝聚感情和流通資訊；有了語言的存在，人類也才能夠記錄經驗、形成歷史以促進文明的發展。因此，任何地方、任何民族的語言都是可貴的，也都是值得我們尊敬的。由此而論，不同的語言之間，絕不應該有主奴之分，倒是在各自上，理當留意其雅俗之別才對。當然雅俗的區隔未必是廟堂之上與江湖之下的不同，也不一定是下里巴人和陽春白雪的差別，假如在語境、語用、語意上能薰發品味、怡人性情的，就屬於高雅雋永的語言，反之若是引發聽者齷齪污穢的意象而有不堪、不快之感者，絕對是粗鄙低俗的談論。③

世間惟捨主奴之分才能多元包容以致其廣大，亦惟重雅俗之別才能生香活意得其斌斌美善，語言的使用態度固當如此，文化的開顯與進步更是如此。孟子曾經說過：「充實之謂美，充實而有光輝之謂大。」（《孟子・盡心下》）台灣的眞正未來就在它是否能夠既美且大，因此放開我執並提升品質，乃是台灣邁向世界史的惟一法門，願台灣子民能夠眞切了解本土化的第一義諦，自立立人，己達達人，許台灣一個可大可久的未來。

三、台灣優先的弔詭性

現在對台灣同胞來說，無疑是四百年來活得最有自信、最有尊嚴的時候，因爲「台灣優先」不但是全民的共識，而且相當程度反應在我們的生活中。如果我們把這種改變稱之爲「台灣的文藝復興運動」，那或許是太誇張了一點，然而任誰也不能否認，台灣同胞已經擺脫悲情，台灣的教育人文正尊嚴地立足在這片水草豐美的土地上而欣欣向榮。

不過，所謂「台灣優先」亦不可異化爲「台灣中心主義」。中心主義是一種威權和專斷的霸氣心態，因爲它習慣以中心／邊陲的本位思考來看待一切，一方面過分膨脹了自己的重要和偉大，另一方面卻刻意忽略了別人的尊嚴，坦白講，國內很多人之所以不喜歡中國大陸而強力主張「去中國化」，他們的原因之一，正是由於海峽對岸的中共政權每每自居爲天朝，而將台灣視爲領屬，換句話說，國內這些人他們所眞正不滿和嫌惡者，就是大陸那種耀武揚威、頤指氣使的「中國中心主義」。

中心主義如果眞的是如此容易招敵樹敵而令人不以爲然的話，那麼我們今天之主張台灣優先，亦千萬不可落入這個窠臼。老子《道德經》說過：「後其身而身先，外其身而身存。」（〈第七章〉）又說：「以其不爭，故天下莫能與之爭。」（〈第六十六章〉）我們正應該有這種「不優先的優先」或「優先但不驕狂」的非宰制型智慧。這種智慧絕非後發而先至的權謀，亦不類於欲擒故縱法的詐術，反當是一種懂得以「水」爲師的人生哲理。它守柔、處下、謙卑、包容，最後在「不爭而善勝」（〈第七十三章〉）的情況下，所成就的卻是自己之無限的豐盈美善，所以老子乃謂之曰「以其終不自爲大，故能成其大。」（〈第三十四章〉），並以「江海所以能爲百谷王者，以其善下之，故能爲百谷王」（〈第六十六章〉）爲隱喻（metaphor），筆者認爲可大可久的台灣意識亦復如是，並形容這種特色是台灣優先的弔詭性。

以現階段所呈現的台灣文化運動來看，它誠然是以台灣爲主體而進行之靈根再植的工作，可惜它是緣著政壇的勢力消長而登場的，所以一開始就夾雜著太多的權力現象和政治恩怨，也因此蒙上了猜忌、狐疑的負面因素，而始終擺脫不了族群對立和統獨衝突的糾葛。其實政治是一時的，文化才能夠久久遠遠；文化自然離開不了其歷史的根源性和當代的特殊性，但絕對不應該被貼上族群和統獨的標籤。所謂歷史的根源性，是說一個文化的誕生和發展必定脫離不了它的歷史脈絡與歷史軌跡，因爲文化的存有性格就如同人的存有性格一般，它必須以它的歷史條件作憑藉，然後才能夠不斷地披露歷史所給予它的意義；至於當代的特殊性，指的是文化藉著它歷史的養分，可以生機盎然地回應各種現實的挑戰，以開顯出各種不同的視域，而踵事增華地回過頭來賦予歷史更豐富的意義。

文化如果有生機的話，就一定要在當代問題的挑戰與回應上起作用，今天台灣文化的再發現，除了是在建立自我的尊嚴外，更應該虛心地找回歷史的憑藉，俾讓自己能依循歷史的脈絡與軌跡去拓延，並在當代中活出自己的意義，像這樣的抱負才稱得上是頂天立地的文化理想，同時也惟有這種大其心、大其志的努力，才配得上是台灣四大族群的共識與共業。

台灣優先是必要的，但如果重蹈「中國中心主義」或「天朝沙文主義」的覆轍，則勢將引發不必要的斷裂而帶出莫大的危險，我們既然反對中心主義的封閉和蠻橫，就必須認識清楚「有容乃大」的眞理而身體力行之，才是天助自助的明智選擇。眞正的台灣之福不是要它睥睨群倫，而且是希望它到處受歡迎並且持續的放光放熱，凡此就仰賴著我們「重積德則無不克」的義理承當了。④

四、開大門走大路迎接台灣的新未來

台灣在經歷過數百年的風風雨雨之後，如今已然浴火重生，並且昂首闊步地奔向世界的舞台，以台灣爲生活場域的住民們，彼此基於反哺回饋之心而抱持著台灣第一、台灣優先的信念和行動，那當然是天經地義的事，所以任何人都不能、也不該有異議。然而到底是要肯定台灣的什麼？怎麼樣的表現才是衷愛台灣的行爲？台灣的未來又要定位在那裏？諸如此類的問題無乃是更值得大家仔細斟酌者。事實上就目前來看，它們的答案總是見仁見智、並且各有堅持，且相對著如是之渾沌混淆，所有不同意見者之背後他們所根據的「台灣意識」，恐怕在內容和概念上也就難免會多樣而複雜。

惟現階段台灣意識的多元並立其實並不值得過度的擔憂，因爲天底間的事情本來就常常是「殊塗而同歸，一致而百慮」者，前面筆者曾經提過「理一而分殊」的命題，在這裏依然有它的啓發性。我們眞正要注意的是，由於政治勢力常常有意無意地介入干預，還有拔河式之非勝即負、非友即敵等情結的持續作梗，導致它的備受扭曲而一直圍繞著「血緣決定論」和「地緣決定論」的思考，並惡性相承地持續醞釀出「非我族類，其心必異」的差別心態及其接踵而來的戰鬥意志，如是之近乎民族主義式的崇拜和基本教義派的激情，才令人最感到失望和害怕。很顯然的，像這種不惜撕裂族群的和諧、具足強烈排它性的台灣優先主義，乃是向下沉淪之不道德、不理性、不負責任的「僞台灣意識」，究其實只可名之爲「意識型態化的台灣觀點」或「台灣地盤主義」而已，它的獨斷性與封閉性亦將使得台灣永遠擺脫不了內鬥、內耗的危機，並且由於和地球村的觀念格格不入而可能斷送台灣未來的前途。

原來理性而健康的台灣意識，不當是藉助壓迫/抗爭的敵仇同愾去強迫彫塑的集體意識，也不可能是血統歸屬與地理關係下的種族主義或台灣民族主義，而應當是一種相互尊重與包容的共同歸屬感，同時它更應該具足開放的、持續的生機以及文化的活力。不可諱言的，台灣意識在過去的發展上曾經遇到絕大的挫折和障礙，那是歷史的錯誤再加上當權者與既得利益者的跋扈無知，所輾轉衍生的族群衝突和朋黨對決，然而解鈴繫鈴本在一念之間，所以如何盡釋前嫌以攜手共登未來，應該是大家必須認眞思考、努力實現的，然而遺憾的是，過去的錯誤所結下的樑子，現在並不因爲權利分配的主客易位而立即消失，反而每當遇到選舉的時候，常常又被有心人士拿來炒作並刻意予以加溫，導致族群之間的融洽和信賴遲遲不能建立，可是這除了將會抵消、分散我們一起奮進活躍的力量，徒讓仇者快而親者痛外，對台灣的現在與未來又有什麼幫助呢？因此如何化解現實的困結、如何暢通台灣的慧命，實在不可等閒視之。

台灣意識的建構與成全，除了原則上必須認同台灣爲大家唯一的生命共同體外，更要體會植根鄉土原只是向上、向外的起點而已，當我們深耕易耨之後，尙得更進一步全面汲取天地的美好、包容世間的善德，俾讓自我能夠成長茁壯，最終目的則在成功地邁向世界歷史。總之，理性的、進步的、開明的台灣意識才是我們最可靠的文化心靈，台灣現在正是需要化解島內的對立，將來也要實現所有的可能，最後則必須完成參與國際的責任，這些都不是封閉的思考和本位的態度所能達成的。台灣未來的希望就在於我們是否能夠開大門、走大路，我們的教育亦唯有能夠興發出致廣大而盡精微的台灣意識，才是成功的教育。

【附　註】

註① 教育與人文之間的相即相合關係，可參閱 Alan Bullock 著、董樂山譯《西方人文主義傳統》頁十七～十八，台北究竟，2000

註② 人與人之間是不平等的，但又都是平等的。這話說來好像十分矛盾，其實不然。蓋人之有不同的性向與才質，且類似的性向、才質間亦有等級的差異，這是基於氣稟上所必然發現的參差不齊，但如果依天賦理性而論，則四海之內都是無差別的，孟子說人皆有不忍人之心，西方理性主義者亦肯定人皆有先驗自明的能力，雖著眼點互不相同，然平等看待人的存在則是一致的。不過我們還是要承認，假如理性必須藉由氣稟來表現的話，那麼就其客觀化之成果而言，亦當各有其特殊和精采，且一切之特殊和精采皆應被完全的尊重和保留，凡此亦正是莊子在〈齊物論〉中所宣達之偉義，蕭公權先生則稱之曰：「齊物者，其在任物之自畸。」（蕭公權《中國政治思想史》頁一八六，台北聯經，1982）誠然矣。

註③　參見陳德和〈語言的雅俗之分與主奴之別〉，原登於《鵝湖》第308期，2001/2，今收錄在陳德和《生活世界的哲思》頁一一一。

註④　老子《道德經・第五十九章》說：「治人事天莫若嗇。夫唯嗇是以早服，早服謂之重積德，重積德則無不克，無不克則莫知其極，莫知其極，可以有國，有國之母可以長久，是謂根深固柢、長生久視之道。」

教育基本法條文

中華民國八十八年六月二十三日總統（八八）華總一義字第八八〇〇一四二七三〇號制定公布全文十七條

第一條　爲保障人民學習及受教育之權利，確立教育基本方針，健全教育體制，特制定本法。

第二條　人民爲教育權之主體。教育之目的以培養人民健全人格、民主素養、法治觀念、人文涵養、強健體魄及思考、判斷與創造能力，並促進其對基本人權之尊重、生態環境之保護及對不同國家、族群、性別、宗教、文化之瞭解與關懷，使其成爲具有國家意識與國家視野之現代化國民。爲實現前項教育目的，國家、教育機構、教師、父母應負協助之責任。

第三條　教育之實施，應本有教無類、因材施教之原則，以人文精神及科學方法，尊重人性價值，致力開發個人潛能，培養群性，協助個人追求自我實現。

第四條　人民無分性別、年齡、能力、地域、族群、宗教信仰、政治理念、社經地位及其他條件，接受教育之機會一律平等。對於原住民、身心障礙者及其他弱勢族群之教育，應考慮其自主性及特殊性，依法令予以特別保障，並扶助其發展。

第五條　各級政府應寬列教育經費，並合理分配及運用教育資源。對偏遠及特殊地區之教育，應優先予以補助。教育經費之編列應予以保障；其編列與保障之方式，另以法律定之。

第六條　教育應本中立原則。學校不得爲特定政治團體或宗教信仰從事宣傳，主管教育行政機關及學校亦不得強迫學校行政人員、教師及學生參加任何政治團體或宗教活動。

第七條　人民有依教育目的興學之自由；政府對於私人及民間團體興辦教育事業，應依法令提供必要之協助或經費補助，並依法進行財務監督。著有貢獻者，應予獎勵。政府爲鼓勵私人興學，得將公立學校委託私人辦理；其辦法由該主管教育行政機關定之。

第八條　教育人員之工作、待遇及進修等權利義務，應以法律定之，教師之專業自主應予尊重。學生之學習權及受教育權，國家應予保障。國民教育階段內，家長負有輔導子女之責任；並得為其子女之最佳福祉，依法律選擇受教育之方式、內容及參與學校教育事務之權利。學校應在各級政府依法監督下，配合社區發展需要，提供良好學習環境。

第九條　中央政府之教育權限如下：

一、教育制度之規劃設計。

二、對地方教育事務之適法監督。

三、執行全國性教育事務，並協調或協助各地方教育之發展。

四、中央教育經費之分配與補助。

五、設立並監督國立學校及其他教育機構。

六、教育統計、評鑑與政策研究。

七、促進教育事務之國際交流。

八、依憲法規定對教育事業、教育工作者、少數民族及弱勢群體之教育事項，提供獎勵、扶助或促其發展。

前項列舉以外之教育事項，除法律另有規定外，其權限歸屬地方。

第十條　直轄市及縣（市）政府應設立教育審議委員會，定期召開會議，負責主管教育事務之審議、諮詢、協調及評鑑等事宜。前項委員會之組成，由直轄市及縣（市）政府首長或教育局局長爲召集人，成員應包含教育學者專家、家長會、教師會、教師、社區、弱勢族群、教育及學校行政人員等代表；其設置辦法由直轄市及縣（市）政府定之。

第十一條　國民基本教育應視社會發展需要延長其年限；其實施另以法律定之。前項各類學校之編列，應以小班小校爲原則，中央主管教育行政機關應做妥善規劃並提供各校必要之援助。

第十二條　國家應建立現代化之教育制度，力求學校及各類教育機構之普及，並應注重學校教育、家庭教育及社會教育之結合與平衡發展，推動終身教育，以滿足國民及社會需要。

第十三條　政府及民間得視需要進行教育實驗，並應加強教育研究及評鑑工作，以提升教育品質，促進教育發展。

第十四條　人民享有請求學力鑑定之權利。學力鑑定之實施，由各級主管教育行政機關指定之學校或教育測驗服務機構行之。

第十五條　教師專業自主權及學生學習權遭受學校或主管教育行政機關不當或違法之侵害時，政府應依法令提供當事人或其法定代理人有效及公平救濟之管道。

第十六條　本法施行後，應依本法之規定，修正、廢止或制（訂）定相關教育法令。

第十七條　本法自公布日施行。

參考書目

壹、古典文獻（略依年代之先後）

孔　子《論語》
老　子《老子》
孟　子《孟子》
莊　子《莊子》
荀　子《荀子》
佚　名《易傳》
韓非子《韓非子》
董仲舒《春秋繁露》
揚　雄《法言》

司馬遷《史記》
戴勝（編）《禮記》
許 愼《說文解字》
王 弼《老子注》
郭 象《莊子注》
韓 愈《韓昌黎集》
張 載《張載集》
程明道、程伊川 《兩程粹言》
朱 熹《朱子語錄》
朱 熹《四書集註》
陸九淵《象山全集》
王陽明《王陽明傳習錄》
鳩摩羅什（譯）《維摩詰所說經》（《大正藏》第十四，編號四七五）

貳、現代專著（以姓氏筆劃爲序）

方東美《方東美講演集》，台北黎明，1980
方炳林《普通教學法》，台北三民，1969
王邦雄《儒道之間》，台北漢光，1985
王邦雄《老子的哲學》，台北東大，1980
毛禮銳、邵鶴亭、瞿菊農《中國教育史》，台北五南，1989
田培林（編）《教育學新論》，台北文景，1973
牟宗三《四因說演講錄》，台北鵝湖，1997
牟宗三《中西哲學之會通十四講》，台北學生，1990
牟宗三《圓善論》，台北學生，1985
牟宗三《時代與感受》，台北鵝湖，1984
牟宗三《中國哲學十九講》，台北學生，1983
牟宗三《政道與治道》，台北學生，1980
牟宗三《道德的理想主義》，台北學生，1978
牟宗三《現象與物自身》，台北學生，1975
牟宗三《才性與玄理》，台北學生，1974

牟宗三《生命的學問》，台北三民，1970
牟宗三《心體與性體》，台北正中，1968
杜維明《東亞價值與多元現代性》，北京中國社會科學，2001
余英時《歷史與思想》，台北聯經，1976
沈清松《解除世界魔咒》，台北時報，1984
沈清松《現代哲學論衡》，台北黎明，1990
岑溢成《大學義理疏解》，台北鵝湖，1983
李明輝《當代儒學之自我轉化》，台北中研院中國文哲所，1994
何福田（編著）《生命教育論叢》，台北心理，2001
林治平（編著）《中原大學宗教學術研討會論文集》，中壢中原大學，2000
林毓生《思想與人物》，台北聯經，1983
金觀濤、劉青峰《新十日談》，台北風雲，1989
殷海光《中國文化的展望》，香港時代，1966
徐復觀《徐復觀文錄》，台北環宇，1971
唐君毅《中國哲學原論．導論篇》，香港人生，1966

唐君毅《人文精神之重建》，台北學生，1974

唐君毅《中國人文精神之發展》，台北學生，1974

袁保新《老子哲學之詮釋與重建》，台北文津，1991

梁漱溟《中國文化要義》，台北里仁，1982 翻版

梁燕城《破曉年代——後現代中國哲學的重構》，上海東方，1999

郭齊家《中國教育思想史》，台北五南，1990

陳超群《中國教育哲學史・第一卷》，山東教育，2000

陳德和《生活世界的哲思》，台北樂學，2001

馮友蘭《中國哲學史新編》，台北藍燈，1991

勞思光《中國哲學史》，香港中文大學崇基書院，1979

張起鈞《道家智慧與現代文明》，台北商務，1984

張起鈞《老子哲學》，台北正中，1964

張汝倫《意義的探究——當代西方釋義學》，台北谷風，1988

張國清《中心與邊緣——後現代主義思潮概論》，北京中國社會科學，1998

喻本伐、熊賢君《中國教育發展史》，台北師大書苑，1995

曾昭旭、王邦雄、楊祖漢　《論語義理疏解》，台北鵝湖，1982

曾昭旭、王邦雄、楊祖漢　《孟子義理疏解》，台北鵝湖，1983

黃俊傑　《大學通識教育的理念與實踐》，台北中華民國通識教育學會，1999

賈馥茗　《先秦教育史》，台北五南，2000

傅偉勳　《西洋哲學史》，台北三民，1965

傅偉勳　《批判的繼承與創造的發展》，台北東大，1986

傅偉勳　《死亡的尊嚴與生命的尊嚴》，台北正中，1993

楊祖漢　《中庸義理疏解》，台北鵝湖，1983

楊啓亮　《道家教育的現代詮釋》，湖北教育，1996

詹棟樑　《兒童哲學》，台北五南，2000

趙雅博　《西方當代哲學》，台北正中，1974

蕭公權　《中國政治思想史》，台北聯經，1982

羅　青　《什麼是後現代主義》，台北學生，1989

顧頡剛（編著）　《古史辨》、台北藍燈翻版，年代不詳

文藻外語學院（編）　《全人教育學術研討會論文集》，高雄文藻學院，2001

臺灣大學哲學系（編）　《中國人性論》，台北東大，1987
淡江大學中文系（編）　《臺灣儒學與現代生活國際學術研討會論文集》，台北學生，2001
教育部（編）《高級中學課程標準》，台北教育部，1996

參、期刊論文（含總集及會議論文集之論文）

王治河　〈當代西方哲學中的「非哲學」〉；《哲學雜誌》第十三期，1995/7
沈清松　〈從現代到後現代〉；《哲學雜誌》第四期，1993/4
沈清松　〈老子的人性論初探〉；《中國人性論》，1987
沈清松　〈老子的批判哲學〉；《東吳哲學傳習錄》復刊第一期，1992
林治平　〈找人——全人理念與生命教育〉，《中原大學宗教學術研討會論文集》，2001
林耀堂　〈全人教育的教育哲學基礎〉，《生命教育論叢》，2001
陳德和　〈荀子性惡論之意義及其價值〉，《鵝湖月刊》第 231 期，1994/9
陳德和　〈儒道互補論的辨析與詮定〉，《東吳哲學學報》第五期，2000
陳德和　〈締造一番漂亮的教育改革〉，《中央日報》，1995/9/27
陳德和　〈先秦儒家道德精英主義之義含與疏通〉，《南華哲學學報》第二期，1999

陳德和〈孔子的創造性人文主義〉，《鵝湖月刊》第 291 期，1999/9
陳德和〈論莊子哲學的道心理境〉，《鵝湖學誌》第二十四期，2000/6
陳德和〈儒學對臺灣意識的開拓〉，《臺灣儒學與現代生活國際學術研討會論文集》，2001
陳德和〈莊子寓言中的逍遙思想〉，《國立歷史博物館館刊》第十一卷第九期，2001/9
陳德和〈論牟宗三對人間道家的哲學建構——以老子思想的詮釋爲例〉，《南華哲學學報》第三期，2001
傅偉勳〈弗蘭克爾與意義治療法〉，《批判的繼承與創造的發展》，1986
馮友蘭〈大學爲荀學說〉，《古史辨》第四冊，1930
楊筠如〈關於荀子本書的考證〉，《古史辨》第六冊，1931
路知奇〈簡論道家的逆向教育思想體系〉，《鵝湖月刊》第 295 期，2000/1
哲學與文化編輯部〈訪兒童哲學的祖師爺——李普曼（Matthew Lipman），《哲學與文化》第十七卷第七期，1990/7

肆、學術翻譯

Alan Bullock 原著，董樂山（譯）《西方人文主義傳統》，台北究竟，2000
Anthony Giddens 原著，田禾（譯）《現代性的後果》，南京譯林，2000
David Kessler 原著，陳貞吟（譯）《臨終關懷》，台北商流，2000
David Griffin 原著，王成兵（譯）《後現代精神》，北京中央編譯，1998
Howard Gardner 原著，李心瑩（譯）《再建多元智慧》，台北遠流，2000
J. M. Bochenski 原著，王弘五（譯）《哲學講話》，台北鵝湖，1977
Jacques Derrida 原著，何佩群（輯譯）《德里達訪談錄——一個瘋狂守護著思想》，上海人民，1997
John Gray 原著，傅鏗、姚欣榮（合譯）《自由主義》，台北桂冠，1991
Matthew Lipman 原著，楊茂秀（譯）《哲學教室》，1979
Michael Polanyi 原著，彭淮棟（譯）《意義》，台北聯經，1984
Oswald Spengler 原著，陳曉林（選譯）《西方的沒落》，台北桂冠，1975
Richard Rorty 原著，黃勇（譯）《後哲學文化》，上海譯文，1992
Richard Zaner 原著，譚家瑜（譯）《醫院裏的哲學家》，台北心靈，2001
Robert Ulich 原著，徐宗林（選譯）《西洋三千年教育文獻精華》，台北幼獅，1970

Viktor Frankl 原著，趙可式、沈錦惠（合譯）《活出意義來》，北京三聯，1991

伍、外文書刊

John Dewey, *Philosophy of Education,* New York: Macmillan,1916

Howard Gardner, *Frames of Mind: The Theory of Multiple Intelligences,* New York: Basic Book, 1985

———, *Multiple Intelligences: The Theory in Practice*, New York: Basic Book,1993

Pauline Rosenau, *Post-Modernism and the Social Sciences*, Princeton,1992

Ron Miller, *What Are Schools for ?* Antario: Holistic Education Press,1990.

———, *Holistic Learning : A Teachers Guide to Integrated Study,* Canada: OISE Press,1990

Robert Ulich, *History of Educational Thought,* New York: American Book,1950

Thomas Kuhn, *The Structure of Scientific Revolutions,* Chicago: University of Chicago Press,1962